NO RITMO DA VIDA

Richard Carlson
&
Joseph Bailey

NO RITMO DA VIDA

Reduzindo a velocidade frenética

Tradução de
PEDRO RIBEIRO

Rocco

Rio de Janeiro – 2002

Título original
SLOWING DOWN TO THE SPEED OF LIFE
How to Create a More Peaceful, Simpler Life
from the Inside Out

Publicado mediante acordo com Linda Michaels, da
International Literary Agents.

Direitos mundiais para a língua portuguesa
reservados com exclusividade à
EDITORA ROCCO LTDA.
Rua Rodrigo Silva, 26 – 4º andar
20011-040 – Rio de Janeiro, RJ
Tel.: 2507-2000 – Fax: 2507-2244
e-mail: rocco@rocco.com.br
www.rocco.com.br

Printed in Brazil/Impresso no Brasil

preparação de originais
JOÃO CAETANO

CIP-Brasil. Catalogação-na-fonte.
Sindicato Nacional dos Editores de Livros, RJ.

C281r Carlson, Richard, 1961–
No ritmo da vida – Reduzindo a velocidade frenética / Richard Carlson e Joseph Bailey; tradução de Pedro Ribeiro. – Rio de Janeiro: Rocco, 2002.
. – (Arco do Tempo)

Tradução de: Slowing down to the speed of life: how to create a more peaceful, simpler life from the inside out.
ISBN: 85-325-1428-6

1. Tempo – Aspectos psicológicos. 2. Qualidade de vida. 3. Estilo de vida. 4. Simplicidade. I. Bailey, Joseph. II. Título. III. Título: Reduzindo a velocidade frenética. IV. Série.

CDD – 158
02-0891 CDU – 159.94

Para nossos pais

Sumário

Agradecimentos

Gostaríamos de agradecer às seguintes pessoas por sua adorável ajuda na criação desse livro: Tom Grady, da Harper San Francisco, por sua fé, entusiasmo e criativa editoração; George Pransky, por suas prestimosas idéias; Judy Sedgeman, Sandy Krot e Rolf Schirg, por seus úteis e encorajadores comentários nos diversos esboços do livro; Michael Bailey e Kris Carlson, por seus adoráveis incentivos e paciência; às dezenas de praticantes da Psicologia da Mente, que nos ensinaram muito a respeito da vida, e às centenas de clientes que têm ajudado a nos mostrar a importância de desacelerar.

Prefácio

A HISTÓRIA DE JOE

Em novembro de 1980, participei de um *workshop* intitulado "Beyond Stress and Burnout for the Helping Professional" (Além do estresse e esgotamento para o profissional de atendimento), que afetaria a minha vida de um modo que nunca considerei possível. Eu estava, realmente, me sentindo esgotado devido à minha vida como psicoterapeuta, professor de seminários e líder reconhecido nacionalmente no campo da adição. Naquela época, contudo, pensei que estava apenas escapando do gelado inverno de Minnesota para participar, em Miami, de mais um *workshop* prometendo uma resposta para a minha vida estressada.

Até aquele momento, eu via a vida como uma série de tarefas a serem executadas, listas de itens a realizar, encontros a comparecer, atividades a completar. Estava quase sempre com pressa, acumulando o máximo que conseguia nos meus dias. Pensava que esta era a maneira de ser feliz. Se eu parecia ocupado e importante, devia estar feliz! Além disso, parecia que todos os meus amigos, membros da família e colegas faziam o mesmo. Era difícil encontrar uma data nos nossos calendários ocupados em que pudéssemos nos reunir e, quando conseguíamos, acumulávamos nela o máximo possível de atividades – fazendo cooper, comendo, passeando de bicicleta e assim por diante. Parecia que eu tinha uma vida cheia, mas me sentia vazio; era como se ainda estivesse faltando alguma coisa. Talvez se eu tivesse mais sucesso ou fosse mais eficiente, ou mesmo ainda executasse outra atividade?

Até aprender sobre a abordagem da psicologia que iremos descrever neste livro, eu me sentia como um hamster na gaiola giratória, correndo furiosamente, numa pressa para chegar em parte alguma, mas pensando o tempo todo que eu estava quase chegando lá. Eu tinha muitos sintomas relacionados com o estresse – tensão, dores de cabeça, problemas gástricos, preocupação crônica, insônia. Achava que isso era normal.

Quando cheguei em Miami, o clima era tropical, num grande contraste com o inverno de Minnesota. Fui saudado por amigos que não via há alguns anos. Eles pareciam diferentes – mais relaxados do que eu, e felizes. "Eles não estão tão estressados quanto eu devido às exigências intensas da minha agenda e da minha carga de clientes. Certamente, eles não devem ser tão importantes quanto eu", pensei com arrogância. Todas as pessoas que foram apresentadas a mim pareciam tão calmas e felizes e, no entanto, tão comuns. Eu estava curioso para saber por que eles agiam dessa maneira. Logo me senti confortável com os novos estranhos na minha vida. Isso estava num profundo contraste com as conferências de psicologia de que costumava participar, onde todos ficavam sérios, distantes e ocupados tentando impressionar os outros intelectualmente.

Na primeira tarde, jantamos na casa de um dos líderes da conferência. Depois do jantar, estávamos sentados na sala conversando casualmente, quando Syd Banks (a inspiração inicial por trás dessa forma de psicologia) começou a falar. Todos escutavam com profundo respeito e a sala ficou extremamente silenciosa e tranqüila. De início fiquei desconfortável com a sensação de quietude na sala e comecei a me agitar. O que ele estava dizendo parecia tão simples, mas por algum motivo eu não podia compreender. O meu cérebro estava girando confuso, lutando internamente tanto com as idéias de Syd quanto com as idéias com que eu tinha sido treinado profissionalmente.

No dia seguinte, participei do seminário na Escola Médica da Universidade de Miami, que era uma das patrocinadoras dessa conferência para profissionais da nova escola de psicologia que mais tarde seria chamada de Psicologia da Mente. Havia psicólogos, médicos, enfermeiras, assistentes sociais e representantes de muitas outras profissões – todos tão intrigados quanto eu com esta nova maneira de olhar para as doenças mentais, dependências e outros problemas humanos. A minha confusão tornou-se ainda pior naquele dia à medida que minhas crenças profissionais mais caras foram desafiadas uma a uma. Discuti com os outros sobre a simplicidade desta abordagem, mas ao mesmo tempo fiquei absolutamente fascinado com o que eu estava ouvindo.

O que aprendi foi que minha apreciação da vida tinha tudo a ver com estar "no momento presente" e que a única coisa que me impedia (ou a qualquer outra pessoa) de estar totalmente no momento presente era a nossa compreensão errônea da natureza do próprio pensamento – como ele nos afasta do momento presente, nos confunde e nos deixa estressados. Percebi que tudo que posso precisar está aqui mesmo, neste exato momento – contanto que o meu pensamento não me afaste desse momento. Aprendi que não há motivo algum para que eu tenha pressa em chegar ao futuro, nada que ele possa me oferecer que seja mais valioso do que *este* momento precioso em que eu e você estamos neste exato momento. Percebi que, na maioria das vezes, a minha mente está em outra parte – um arrependimento passado ou uma preocupação futura, em qualquer outra parte que não aqui.

A minha primeira reação a esse *insight* foi uma profunda sensação de paz. Me senti como nos dias mais felizes da minha infância. Me sentia relaxado, em paz, realizado, satisfeito. Ao mesmo tempo, contudo, essa mensagem me deixou desconfortável por dois motivos. Primeiro, era simples demais. A resposta estivera debaixo do meu nariz durante toda a minha vida. Por que eu estivera procurando tanto e me estressando no processo? Me senti estúpido e tolo. E, em segundo lugar, senti que não só tinha me iludido correndo em círculos, mas que fizera o mesmo com centenas de clientes e colegas de profissão. Todos nós estivéramos inocentemente buscando fora de nós mesmos uma resposta que nos desse mais tempo e satisfação, e a tínhamos conosco o tempo todo. A profunda natureza desse *insight* me pegou de surpresa.

Voltei a Minnesota depois do fim de semana e vi a minha vida começar a mudar. De início tive medo de que minha reação fosse apenas um "barato de seminário", e que passaria depois de alguns dias. Todavia, muito pelo contrário, os sentimentos de paz e relaxamento se fortaleceram à medida que comecei a ver a resposta nos meus clientes de psicoterapia. Meus clientes relataram que o que eu dizia estava fazendo mais sentido e que finalmente estava falando algo que poderia realmente ajudá-los a mudar suas vidas. Comecei a tornar a qualidade de cada momento mais importante do que fazer as coisas. No entanto, para minha surpresa, eu estava realmente sendo capaz de fazer mais com menos esforço e maior prazer.

Desde a minha participação naquele seminário em 1980, sinto gratidão pelas mudanças positivas que essa compreensão trouxe para a minha vida e para as vidas daqueles com quem eu trabalho. Com o passar dos anos, desde então, consegui várias vezes essa percepção simples; a cada vez, ela se torna mais clara e afeta minha vida de várias maneiras. Tive de contratar mais terapeutas e formar uma clínica para satisfazer a crescente demanda da minha clientela. Para minha surpresa, fui convidado para falar diante de grupos nacionais no país inteiro e a aparecer na televisão. O meu primeiro livro, *The Serenity Principle* (O princípio da serenidade), foi lido por milhares de viciados e alcoólatras, e recebo cartas todas as semanas de pessoas cujas vidas foram tocadas. O meu trabalho tornou-se uma alegria e privilégio absolutos. Sinto que posso realmente ajudar as pessoas e não me prejudicar no processo. Há quinze anos, nunca teria imaginado que a minha vida se tornaria tão bem-sucedida e satisfatória.

ENQUANTO ISSO (A HISTÓRIA DE RICHARD)

Eu estava extremamente ocupado vivendo uma vida que poderia, em retrospecto, ser descrita como uma correria contínua. Era conduzido, sempre com pressa, e incrivelmente ocupado. Tinha uma carga de clientes em horário integral e estava também trabalhando duro no meu Ph.D em psicologia. A minha vida era consumida com a coleta de conquistas e experiências, vencer e manter-me ocupado. Corria quarenta milhas por semana, treinando para minha primeira maratona, e estava prestes a me casar com Kristine, que é minha esposa há doze anos.

Nas minhas horas de folga, organizava campanhas de alimentação e fazia outras obras de caridade. Gostava de ler e tinha alguns bons amigos. As minhas intenções eram positivas, mas a minha vida era uma bagunça. Meus horários eram tão apressados, agitados e cheios que, honestamente, não sei como conseguia fazer tudo.

Muitos anos depois, quando olho para trás num estado de espírito mais tranqüilo, posso ver que eu não era tão produtivo quanto pensava naquela época. Parecia estar muito ocupado porque vivia me movendo muito rápido mas, na verdade, estava gastando muita energia. Eu associava estar ocupado com bondade e produtividade. Como o proverbial hamster dentro da roda, estava correndo velozmente mas só me movia em círculos. Meu cérebro girava em todas as direções porque estava sempre com muita pressa para chegar em qualquer outro lugar que não fosse aquele onde eu estava e não sabia escutar as palavras e terminava as suas frases porque não tinha paciência suficiente para deixá-las falar por conta própria.

Na primavera de 1985, fui com minha noiva a Portland, no Oregon, para planejar nosso casamento. Fiquei na área da Baía de San Francisco para evitar um colapso nervoso. Naqueles dias, um único dia perdido de trabalho era um pesadelo para mim. Férias, dias de doença e até mesmo emergências familiares eram vistos como incômodos e fontes tremendas de estresse. Qualquer coisa que interferisse com minha agenda frenética fazia com que eu sentisse pânico e frustração. Todos os minutos do meu tempo estavam preenchidos e ainda faltavam alguns dias. Foi nessa época que desenvolvi o hábito de acordar às três ou quatro horas da madrugada para ter um pouco de tempo extra. "A maioria das pessoas dorme demais", eu insistia enquanto bebia de dez a quinze xícaras de café por dia!

Muitas vezes eu chegava atrasado nos meus compromissos, porque tentava ficar até o último minuto possível em qualquer projeto em que estivesse trabalhando. Por mais minutos, horas ou dias que eu tivesse, nunca era o bastante. A vida ia sempre se acalmar "depois", quando as coisas importantes fossem concluídas. O problema era que eu considerava praticamente tudo como sendo importante.

Em agosto daquele ano, a minha vida subitamente mudou. Nosso casamento deveria acontecer no último dia de agosto, uma época linda do ano no noroeste do Pacífico. Duas noites antes do casamento, recebi um telefonema do meu pai me informando de uma grande tragédia pessoal que me afeta até hoje. O meu melhor amigo, Robert, e sua maravilhosa namorada tinham sido mortos por um motorista bêbado numa estrada no sul do Oregon. Robert, que tinha sido meu amigo durante a maior parte da minha vida, estava dirigindo para o Norte, vindo de San Francisco, para vir à nossa festa de casamento. Eu tinha conversado com ele na noite antes do acidente e lembrava-me de ouvi-lo dizer "adeus". Não tinha idéia de que aquela seria a última vez.

Pensamos em adiar nosso casamento, mas decidimos não fazê-lo, já que trezentas pessoas tinham viajado longas distâncias para estar conosco. Depois de muito sofrimento e tristeza, conseguimos realizar nosso casamento, que incluiu um lindo momento de silêncio cheio de lágrimas e algumas palavras de um querido ministro de nossa confiança.

A tragédia tornou-se um grande ponto de mudança na minha vida e mudou também a minha perspectiva de muitas maneiras. Depois do casamento, comecei o que se tornaria uma jornada de profunda reflexão para a vida inteira. A morte de Robert me ajudou a ver como a vida era preciosa e o caráter absurdo do ritmo enlouquecido em que a maioria de nós vive. Durante a primeira vez na minha vida, fui forçado a ir mais devagar.

Ironicamente, Robert fora uma das únicas pessoas que eu conhecera que, mesmo na juventude, tinha sido capaz de viver no que agora chamo de um ritmo são. Ele realmente apreciava sua vida. Tinha um jeito tranqüilo que o permitia estar feliz e relaxado sem sacrificar a sua habilidade de realização. Na verdade, ele era uma das pessoas mais bem-sucedidas que eu conheci. Infelizmente, foi necessário que ele morresse para que eu pudesse apreciar plenamente os dons que estivera me oferecendo o tempo todo.

Enquanto eu começava a desacelerar, a minha vida começou a mudar. Minha capacidade de concentração numa coisa de cada vez aumentou à medida que eu aprendia a deixar de lado as distrações da minha mente. Pela primeira vez, fui capaz de parar de trabalhar quando chegava a hora de fazer outras coisas. Em algumas ocasiões, fui até mesmo capaz de não fazer nada, algo que nunca tinha sido concebível para mim anteriormente. Apreciei a vida como nunca tinha feito antes, porque minha visão em túnel tinha sido substituída por uma perspectiva mais ampla. Muito embora, naquela época, eu não soubesse o que estava acontecendo comigo, em retrospecto, percebo agora que estava aprendendo a viver no momento presente. Em vez de adiar constantemente a minha vida, esperando até que tudo mais estivesse pronto para que pudesse me divertir, comecei a apreciar o próprio processo da vida. Em vez de dispersar minha atenção em dez direções de cada vez, fui capaz de me concentrar intensamente, mas sem esforço, no que quer que estivesse diante de mim – trabalho, um amigo, um projeto para casa, um livro, preparar uma refeição, uma conversa. Como resultado, o meu mundo começou a ganhar vida. Minha sabedoria e minha gratidão começaram a florescer. Como eu estava mais presente, tornei-me mais compassivo às necessidades e lutas dos outros. Fico embaraçado em admitir, mas antes da minha mudança de coração costumava organizar uma campanha de alimentação, em parte para ver se era a mais bem-sucedida das redondezas e também porque as pessoas estavam com fome e precisavam de comida.

Aspectos da vida a que eu não dava muita atenção se tornaram fontes de interesse e alegria. A minha habilidade de sentir-me satisfeito com a vida aumentou. Resumindo, minha vida ordinária estava tornando-se extraordinária. Ironicamente, muito embora não estivesse mais me sentindo tão apressado e em pânico, tornei-me mais produtivo do que jamais fora. Era capaz de fazer mais coisas em menos tempo; estava menos distraído pelos meus pensamentos e preocupações malucas, o que liberou fontes de energia criativa que nunca tinham sido exploradas. Comecei minha carreira de escritor, o que é irônico, já que escrever exige uma dose imensa de paciência, algo de que eu carecia totalmente antes da morte de Robert. Enquanto antes estava como um piloto de corrida acelerando pela pista rápida, sem nunca olhar a paisagem ou mesmo notá-la, agora eu me sinto como um motorista de um carro deslizando pela pista lenta, olhando para a paisagem enquanto vou no rumo do meu destino.

Como os meus olhos tinham sido abertos para uma vida melhor, eu estava cada vez mais interessado em ajudar os outros a fazer o mesmo. Eu queria ensinar as pessoas a experimentar meu novo ponto de vista sem ter de atravessar uma crise ou tragédia pessoal.

Pouco depois dessa grande virada na minha vida, fui exposto ao material que você vai conhecer neste livro. Uma lâmpada ainda mais luminosa acendeu na minha mente. Quase imediatamente, a minha compreensão foi ampliada, e pela primeira vez na vida fui capaz de colocar em palavras o que tinha sido introduzido através de uma tragédia. A compreensão chamada de Psicologia da Mente me deu um contexto para captar as compreensões profundas da minha experiência. À medida que você for lendo este livro e vivendo sua vida, vai aprender que essas compreensões ocorrem naturalmente a muitos seres humanos todos os dias, mas, muitas vezes, não são notadas ou apreciadas no seu valor para uma vida mentalmente saudável. Depois da minha experiência, tudo estava se tornando mais claro e a vida ficando mais fácil. Foi nesse período que encontrei Joe Bailey, co-autor deste livro, e juntos exploramos e nos abrimos a aspectos da vida que estavam anteriormente ocultos na nossa consciência.

Com o passar dos anos, descobri que não só é possível num ritmo mais lento e administrável, um ritmo que permite que você se destaque nas suas realizações, como também aprecie e curta cada etapa do caminho.

Quando Joe e eu nos conhecemos, experimentamos uma conexão instantânea que se tornou uma amizade para toda a vida. Como você provavelmente sentiu ao ler essas primeiras páginas, tínhamos muita coisa em comum quanto às nossas tendências aceleradas e nossas tentativas desajeitadas de superá-las. Felizmente para nós dois, à medida que a nossa compreensão da vida evoluía, o mesmo acontecia com nossa amizade. Refletíamos sobre nossas próprias jornadas e, às vezes, dávamos risada do modo como costumávamos viver. Hoje em dia, a nossa dedicação a uma vida de qualidade e a prestar ajuda aos outros é tão genuína quanto a nossa loucura de anos atrás. Supomos que era só uma questão de tempo antes que juntássemos as cabeças para compartilhar nossa visão e nosso método de desaceleração para chegar na velocidade da vida.

No verão passado, estávamos em Cambridge para participar do 15º Encontro Anual de Psicologia da Mente. Enquanto refletíamos sobre nossas vidas e sobre o ritmo enlouquecido do mundo em que vivemos atualmente, foi ficando claro para nós que um livro sobre como desacelerar até chegar ao momento presente e apreciar a vida era um projeto digno de execução. Enquanto jantávamos, Joe recordou-se de um cliente de alguns anos atrás. Joe perguntara a ele: "Como a terapia o ajudou?" O cliente fez uma pausa e, então, respondeu espontaneamente: "Acho que aprendi a desacelerar até chegar na velocidade da vida." Nós sabíamos que essas palavras resumiam a mensagem que queríamos comunicar através deste livro.

Quando você começar a ler este livro, ele poderá inicialmente parecer demasiadamente simplista, sem contato com a realidade, ou até mesmo coisa de Poliana. Se for esse o caso, não se preocupe! O mesmo aconteceu conosco. Contudo, tenha paciência e continue lendo. Descubra por conta própria que a vida pode ser uma fonte de prazer e alegria, que ela pode ser muito mais fácil do que já imaginou e que ela pode realmente ser desacelerada até chegar a um ritmo bastante saudável. É o nosso desejo mais sincero que você também seja capaz de desacelerar até chegar à velocidade da vida. Caso consiga fazê-lo, a qualidade da sua existência melhorará muito.

Introdução

Apesar dos nossos melhores esforços para administrar o tempo de modo eficiente, e dos muitos dispositivos de economia de tempo projetados para tornar a vida mais fácil, nossas vidas, muitas vezes, parecem cheias até a borda. Acumulamos atividades nos nossos dias, pensando que cada uma delas é importante e absolutamente necessária. Agendamos praticamente cada minuto de cada dia. Dizemos que queremos tempo livre, mas poucos de nós podemos parar sentados, mesmo que por um único instante.

Como nossos computadores, nos tornamos mestres na execução de tarefas múltiplas, fazendo malabarismo com três ou quatro tarefas ao mesmo tempo, sem espaço para erro em nenhuma delas. Deus não permita que o telefone do carro quebre no caminho para o escritório; se quebrar, você não vai poder avisar ao seu escritório da Costa Leste que o documento que você enviou através do fax do seu carro está a caminho.

Para a maioria das pessoas, esses poupadores de tempo, como computadores, máquinas de fax, serviços de entrega rápida, correio vocal, serviços on-line ou modems de alta velocidade, na verdade, criam mais estresse do que eliminam. Podemos poupar tempo fazendo uma ligação telefônica de dez minutos no próprio carro em vez de ligar do telefone de casa depois do jantar. Depois vamos em frente e fazemos outra ligação, perdendo o tempo que tínhamos trabalhado tão duro para poupar. Em vez de realizar as mesmas metas de maneira mais rápida, nós estabelecemos metas mais altas, constantemente nos forçando a fazer mais e mais rápido, ficando assim cada vez mais para trás. Onde está todo o tempo que poupamos? Quando o recebemos de volta? Quando voltamos a apreciar a vida? Não é por isso que supostamente estamos fazendo todas essas coisas?

Infelizmente, o problema vai muito mais fundo do que o mau uso de meios para poupar tempo. O sentimento de pressa satura todo o nosso modo de vida. Medimos nosso sucesso na vida pelo nosso nível de eficiência e nossa habilidade em continuar no topo de tudo. Medimos a saúde da nossa economia em termos de produtividade crescente. Muitas pessoas estão inconscientemente doutrinando os filhos à nossa mentalidade de "espremer tudo". Além de aprender a ler e escrever, crianças muito jovens estão envolvidas em tênis, natação, música, ginástica, balé e futebol – muitas vezes ao mesmo tempo, sem interrupção, a toda hora.

Quando você desacelerar até a velocidade da vida, sua percepção do mundo vai mudar. Ela vai tornar-se mais saudável e fácil. Você vai trabalhar de maneira muito mais inteligente e sábia do que antes. Vai perceber que muito do que anteriormente considerava essencial na verdade é desnecessário e pode ser adiado, delegado a terceiros, ou mesmo ignorado. Viver na velocidade da vida nos ajuda a estabelecer prioridades nas nossas vidas de uma maneira mais eficiente e alegre. Em vez de esperar para apreciar nossas vidas quando tudo estiver pronto (e nunca está), podemos aprender a apreciar a jornada e não simplesmente a olhar em frente rumo ao destino final.

Este é um livro sobre como desacelerar e aprender a viver no momento presente. No entanto, não vamos pedir a você que mude o seu estilo de vida. Você não precisa se mudar para o interior ou para uma cidadezinha em outro estado; não precisa se demitir do seu emprego ou mudar de carreira; não precisa parar de assistir à televisão, evitar engarrafamento, cancelar todos os seus compromissos sociais ou viajar para a Índia. Nem mesmo vamos pedir que você tome um tranqüilizante ou pare de beber café!

A maioria das pessoas que tenta desacelerar coloca o proverbial carro na frente dos bois. Elas fazem alterações dramáticas, e muitas vezes custosas, no seu estilo de vida, só para encontrar dois resultados desapontadores. Em primeiro lugar, elas não gostam das mudanças que fazem. As pessoas que estão acostumadas por temperamento a uma vida de ritmo acelerado rapidamente descobrem que uma vida de ritmo lento no interior simplesmente as enlouquece. O seu pensamento habitualmente frenético não permite que se ajustem às mudanças superficiais que fazem. Em segundo lugar, mudar apenas o estilo de vida raramente faz uma verdadeira diferença. Você pode rearranjar os fatores externos da sua vida de uma maneira radicalmente nova, mas sempre vai levar o seu pensamento consigo. Se é uma pessoa apressada e acelerada na cidade, vai ser uma pessoa apressada e acelerada no interior.

Neste livro, você vai aprender a desacelerar a sua vida de dentro para fora. Essa mudança vai resultar de uma maneira mais sábia de estar no mundo e não de uma reorganização superficial dos fatores externos da sua vida. Vai descobrir como a sua qualidade de vida é criada interiormente em vez de ser imposta por forças externas.

Naturalmente, é possível que depois de aprender a viver num estado de espírito mais calmo, você pode muito bem decidir fazer algumas alterações no seu estilo de vida. Caso o faça, pode ter certeza de que vai apreciar as mudanças. Elas o servirão bem, porque nascerão de uma compreensão mais inteligente da vida e não simplesmente de outro truque para ajudá-lo a lidar com as coisas.

A abordagem para a desaceleração que você vai encontrar neste livro se baseia numa série de princípios conhecidos como Psicologia da Mente, que foi inicialmente inspirado por um homem chamado Syd Banks e foi formulado numa psicologia pelos drs. Roger Mills e George Pransky.[1] A Psicologia da Mente, ou PDM, está sendo usada por um número crescente de terapeutas, consultores e educadores em todo o país e no mundo – com resultados espetaculares. Essas idéias são simples, mas profundas, até mesmo revolucionárias. Projetos habitacionais no interior da cidade estão sendo transformados, mães caseiras estão aprendendo a descansar perto dos filhos, e CEOs de corporações gigantescas estão administrando suas companhias na velocidade da vida com uma produtividade e facilidade muito maiores.

---

[1] Os leitores interessados podem aprender mais sobre a Psicologia da Mente escrevendo para os endereços listados na seção de recursos deste livro.

O que você vai aprender aqui foi extrapolado dos princípios da PDM de uma maneira preparada para libertá-lo do nosso mundo corrido.[2] Antes de termos abraçado esses princípios, não éramos diferentes de ninguém. Nossos mundos interiores (nossos pensamentos e sentimentos) eram cheios de ansiedade, preocupação, pressões e uma sensação de ser dominado pelos problemas do dia-a-dia. Tivemos dores de estômago, dores de cabeça, dor nas costas e outros sintomas típicos do nosso mundo cheio de estresse. Nos convenceram de que se apenas trabalhássemos um pouco mais duro, ou mais rápido, ou mais eficientemente, de algum modo ficaríamos na frente do jogo e teríamos tempo de relaxar. Como muitos outros, vivemos na constante antecipação do final do dia, do fim de semana vindouro, das próximas férias; até mesmo sonhamos em largar tudo e viajar ao redor do mundo. Fantasiamos sobre um período ilusório de paz no futuro que de algum modo nunca chegava.

Em algum momento, percebemos que o mundo não ia se acomodar a nós e fazer menos exigências. Aprendemos que nossa experiência interior de estresse não resulta das circunstâncias de nossas vidas agitadas, mas da nossa maneira habitual de perceber a vida. Aprendemos que podemos alterar nossos mundos internos – nossos sentimentos, nossos níveis de estresse, até mesmo a velocidade das nossas vidas – explorando a maneira de pensar que torna a vida mais fácil, mais simples e muito mais apreciável. Muitos anos depois, continuamos a redescobrir as implicações práticas e de amplo alcance dessa compreensão inicial para nossas vidas e para os milhares de clientes cujas vidas tocamos.

Como praticantes dessa psicologia, passamos muitos anos ensinando os princípios que descreveremos neste livro. Como resultado, muitas pessoas no mundo inteiro aprenderam a assumir o controle das suas vidas em vez de se sentirem vítimas delas. Se você experimentar ler este livro com uma mente aberta, também aprenderá:

---

[2] Além dos nossos dois livros baseados na Psicologia da Mente, *The Serenity Principle* (Joseph Bailey) e *You Can Feel Good Again* (Richard Carlson), existem outros livros excelentes disponíveis, incluindo o livro de consulta básico sobre a PDM, *The Renaissance of Psychology*, pelo dr. George Pransky.

- A desacelerar e aproveitar cada momento.
- Que desacelerar não envolve grandes mudanças no seu estilo de vida.
- Que ao contrário da sabedoria convencional, a sua produtividade vai de fato aumentar quando diminuir a velocidade da sua vida.
- Que os hábitos, as atitudes, os comportamentos e os humores das outras pessoas não precisam afetar a qualidade do seu dia ou a velocidade da sua vida.
- Que, muito embora as pessoas ao seu redor ou o ambiente do seu trabalho possam estar com pressa e apressadas, você pode manter a calma em meio à tempestade.
- Que desacelerando até chegar ao momento presente, você vai estar muito mais preparado para o inesperado.
- Que os momentos ordinários podem se tornar extraordinários.
- Que até mesmo as circunstâncias e os eventos mais sérios da vida não precisam ser levados de maneira tão séria.
- Que a melhor preparação para o futuro é viver sua vida inteiramente no presente.
- Que você pode finalmente conseguir a satisfação que sempre buscou.
- Que finalmente você pode ser feliz!

Ao pegar este livro, você deu o primeiro passo para a realização dessas promessas na sua própria vida. A melhor maneira de ler este livro é abordá-lo com uma mente aberta. Veja se as idéias ressoam com o seu próprio senso comum ou num nível intuitivo e não analítico, mas tente evitar encaixar a informação em algo que você já acreditava intelectualmente. Se você puder digerir e levar ao coração as informações deste livro, vai imediatamente sentir que está desacelerando. Muito pouco esforço estará envolvido.

Este não é um livro sobre "cem maneiras de desacelerar a sua vida". Na verdade, você vai notar logo no início do livro que não forneceremos uma lista de coisas a fazer, exercícios a praticar ou sugestões sobre como reduzir a sua agenda ou administrar o seu tempo de maneira mais eficiente. O motivo é, na melhor das hipóteses, que o sentimento da desaceleração é uma experiência qualitativa que vem de dentro para fora, uma maneira de se relacionar com a vida que deriva de uma nova compreensão. Depois de ler este livro, você pode descobrir, como muitos outros descobriram, que a maioria das tentativas de desacelerar a sua vida a partir do mundo externo é superficial, na melhor das hipóteses. Elas oferecem um alívio superficial, férias da realidade, mas não uma mudança permanente na maneira como você vê a vida.

À medida que for lendo este livro, você vai começar a compreender a lógica convincente da sua mensagem e a óbvia verdade dos seus princípios para a sua vida. Leve seu próprio tempo para digerir cada momento enquanto lê e descobrirá que nunca mais a vida terá de se tornar uma grande emergência. Desacelere e aprecie a vida.

Capítulo 1

Desacelerando até chegar ao momento presente

Quando éramos crianças, estávamos cheios de vida, sempre brincando ou correndo com nossos amigos. Passávamos de uma atividade para outra com infinito entusiasmo. Brincadeiras de esconde-esconde eram uma oportunidade para imaginação, exploração e curiosidade ilimitadas. Parecia que nunca ficávamos entediados ou cansados do que quer que estivéssemos fazendo no momento. Na maior parte, nossas infâncias foram uma série infinita de sentimentos positivos – alegria, risada, curiosidade, surpresa, confiança e aventura. Não tínhamos aprendido ainda a nos preocupar, a guardar ressentimentos ou a termos arrependimentos quanto ao passado.

A maioria das crianças pequenas, na verdade, geralmente não é estressada e cheia de espanto e curiosidade, e raramente fica entediada. A maioria possui imensa quantidade de energia, é incondicionalmente amorosa, e parece ter uma energia ilimitada que faz com que os adultos invejem sua abordagem inocente da vida. Essas crianças imaculadas vivem num estado de espírito que nós, praticantes da Psicologia da Mente, gostamos de chamar de saúde mental. Elas vivem naturalmente o momento.

Como adultos, ainda temos a capacidade para a saúde mental, mas fomos socializados segundo as normas da cultura ocidental, e muitos de nós se tornam sérios, analíticos, estressados, deprimidos e sem imaginação. Começando quando chegamos aos cinco ou seis anos, e rapidamente progredindo até a idade adulta, a nossa experiência de saúde mental entra em declínio. Esse declínio parece corresponder à nossa tendência de usar a memória e o pensamento analítico com mais freqüência à medida que nos tornamos mais velhos e nosso pensamento criativo e instantâneo cada vez menos.

Como veremos, não só é desnecessário como também é de fato antinatural que os seres humanos percam essa experiência da saúde mental. É só através de uma falta de compreensão da natureza do nosso funcionamento psicológico que essa deterioração ocorre. Compreender como manter esse bem-estar mental natural e nossa capacidade de viver no momento presente é o que os praticantes da PDM chamam de sabedoria ou maturidade.

SAÚDE MENTAL, JOGO DE FERRAMENTAS PARA A MENTE

A saúde mental é nosso direito de nascença. Não precisamos aprender a ser mentalmente saudáveis; é algo que está construído dentro de nós da mesma maneira que nossos corpos sabem como curar uma ferida ou recuperar um osso quebrado. A saúde mental não pode ser aprendida, só redespertada. É como o sistema imunológico do corpo, que sob estresse ou através da falta de nutrição ou exercício pode ser enfraquecido, mas que nunca nos abandona. Quando não compreendemos o valor da saúde mental e não sabemos como ter acesso a ela, a saúde mental permanece escondida para nós. Nossa saúde mental não vai realmente a lugar algum; como o sol por trás de uma nuvem, ela pode ser ocultada temporariamente da visão, mas é perfeitamente capaz de ser restaurada num instante.

A saúde mental é a semente que contém a auto-estima – a confiança em nós mesmos e uma habilidade de confiar no nosso senso comum. É o que nos permite ter uma perspectiva de nossas vidas – a habilidade de não nos levarmos demasiado a sério, de rirmos de nós mesmos, de vermos o quadro mais amplo e de entendermos que as coisas vão se resolver. É uma forma de otimismo inato ou não aprendido. A saúde mental nos permite ver os outros com compaixão se eles estão tendo problemas, com generosidade se eles estão sofrendo e com amor incondicional independente do que eles acreditam, como eles agem, ou da sua nacionalidade ou religião. A saúde mental é a fonte da criatividade para a resolução de problemas, resolução de conflitos, para tornar nosso ambiente mais belo, administrar nossa vida caseira ou desenvolver uma idéia de negócios ou invenção criativa para tornar a nossa vida mais fácil. Ela nos dá paciência para com nós mesmos e para com os outros, assim como paciência para dirigir, pescar, trabalhar no nosso carro ou criar um filho. Ela nos permite ver a beleza que nos cerca a cada momento na natureza, na cultura, no fluxo da nossa vida diária.

Muito embora a saúde mental seja a panacéia para viver nossas vidas, não é nada extraordinário. Se você refletir sobre a sua vida, vai ver que ela esteve ali para dirigir todas as suas decisões difíceis. Ela esteve disponível mesmo nas mais mundanas das situações da vida para mostrar-lhe a diferença entre o certo e o errado, o bem e o mal, o amigo e o inimigo. A saúde mental tem sido chamada normalmente de consciência, instinto, sabedoria, senso comum ou voz interior. Pensamos nela simplesmente como um fluxo saudável e útil de pensamento inteligente. Como veremos, saber que a saúde mental está sempre disponível e aprender a confiar nela nos permite desacelerar até o momento presente e viver a vida de uma maneira feliz.

SEIS MOTIVOS IMPORTANTÍSSIMOS PARA DESACELERAR ATÉ CHEGAR NA VELOCIDADE DA VIDA

- Redução do estresse.
- Saúde física melhorada.
- Relacionamentos mais presentes, íntimos e amorosos.
- Consciência e apreciação sensorial elevadas da beleza natural ao nosso redor.
- Uma maior paz de espírito e serenidade.

- Uma melhora dramática na capacidade de ser produtivo e criativo e de manter-se concentrado.

LIBERAÇÃO DO POTENCIAL HUMANO INATO

A saúde mental é uma capacidade inata que é completa em si mesma. É o potencial humano para o funcionamento psicológico saudável – auto-estima, criatividade, inspiração, sabedoria, amor incondicional, relacionamentos saudáveis, motivação, humor, solução de problemas, otimismo e muitas outras virtudes. Ela fica dormente em cada ser humano na sua forma completa, esperando para ser liberada.

Você pode pensar na saúde mental inata como uma lâmpada de 100 watts, queimando de maneira constante e consistente. A luz que vemos nas nossas vidas é limitada pela abertura do nosso pensamento naquele momento. Podemos viver na escuridão total na maior parte do tempo e só termos um vislumbre momentâneo dessa luz. Chamamos esse lampejo luminoso de *insight*, experiência culminante ou momento de felicidade. À medida que ganhamos maior compreensão de como nossa mente e vida funcionam, essa abertura continua se abrindo cada vez mais, expondo cada vez mais luz da nossa saúde mental inata. Muito embora nossa saúde mental flutue com nossos pensamentos e humores, a fonte da luz que vemos continua constante. Com o amadurecimento, realizamos cada vez mais essa saúde mental inata nas nossas vidas. O poder dessa saúde mental inata é o potencial humano ilimitado para viver uma vida produtiva e feliz.

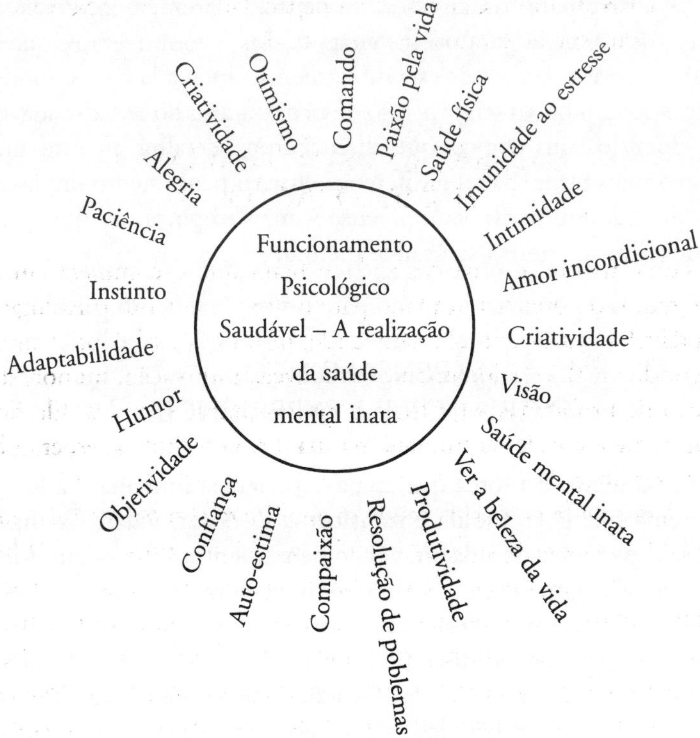

VIVER NO MOMENTO PRESENTE, PONTO DE ENTRADA NO FUNCIONAMENTO SAUDÁVEL

O ponto de entrada no funcionamento psicológico saudável é viver no momento presente. Mas o que significa realmente viver no momento presente? Todos nós experimentamos viver no presente muitas vezes – durante uma crise, sendo tocados pela beleza de um crepúsculo ou algum outro fenômeno natural, se apaixonando, ouvindo música, escutando um orador inspirado. Durante esses momentos, o tempo parece parar e o ruído do nosso pensamento pessoal diminui brevemente. Nós vemos a vida em primeira mão, pois nos desaceleramos até chegar na velocidade da vida. Esses momentos raros possuem a habilidade de reduzir nosso estresse, nos dar esperança e nos encher de alegria e inspiração.

A chave para tornar esses momentos aparentemente raros e fortuitos à norma para nossas vidas diárias é compreender que a nossa experiência da vida está diretamente vinculada com o modo como pensamos. O seu processo de pensamento pode ser saudável ou doentio, um tópico que discutiremos detalhadamente um pouco mais tarde. Saber a diferença entre o pensamento saudável e o doentio é uma das compreensões mais importantes que você pode adquirir sobre a sua saúde mental.

O PENSAMENTO, O CRIADOR DA EXPERIÊNCIA

O pensamento é a força que cria a experiência humana – a força suprema que gera, molda e transforma as nossas vidas. Criamos nossa experiência de vida através do pensamento; não podemos ter experiência alguma sem o pensamento. É como se o pensamento fosse a tinta da caneta da vida, e nós fossemos os ilustradores. O que pensamos se torna emoções, percepções, decisões, comportamento inssosos e também influencia as reações que recebemos dos outros e nossas interpretações dessas reações. Sem o pensamento, não haveria experiência. A árvore pode cair na floresta, mas alguém vivo e consciente precisa experimentar esse fato. Não estamos dizendo que o nosso pensamento cria o mundo externo em qualquer sentido absoluto – a árvore ainda cai mesmo que ninguém veja a sua queda – mas nosso pensamento cria a experiência que temos do acontecimento.

É impossível experimentar qualquer sentimento negativo sem primeiro criar um pensamento negativo correspondente. A verdade é que nosso pensamento *sempre* cria a realidade que percebemos. Por exemplo, quando vemos a vida como cheia de exigências e nos sentimos sobrecarregados, nossos pensamentos coincidem com essa visão da vida. Quando estamos impacientes, nossos pensamentos estão impacientes: "Quando é que ele vai me ligar para fazer aquele pedido?" Quando estamos estressados, temos pensamentos estressados: "Eu detesto o meu supervisor. Ele exige demais de mim, chega a ser ridículo. Será que ele pensa que eu sou a Supermulher?"

Esses pensamentos, e tantos outros, possuem a capacidade de roubar nossa saúde mental em qualquer momento específico. E como acreditamos que as circunstâncias externas criam nossos sentimentos, a maioria de nós tenta restaurar a saúde mental de fora para dentro alterando essas circunstâncias – tomando um tranqüilizante para relaxar, tendo um ataque de raiva, comprando outro dispositivo para poupar tempo ou pedindo demissão. Caso acreditemos que nossos sentimentos são determinados por forças externas, a conseqüência lógica é procurar alguma coisa igualmente externa como resposta. À proporção que ganhamos uma compreensão da nossa experiência psicológica, contudo, podemos reconhecer que a verdadeira *fonte* da nossa experiência é sempre o nosso pensamento. Assim, começamos a restaurar o poder em nossas vidas.

Como estamos pensando e o que pensamos são os únicos determinantes da nossa experiência. Independentemente do que aconteça conosco – o que estamos atravessando ou quais circunstâncias estamos encarando – é o nosso processo de pensamento que cria a experiência daquele evento. Por exemplo, se você está num engarrafamento, pode pensar: "Não acredito nesse tráfego! Por que não constroem mais *freeways*? Eu devia me mudar dessa cidade e ir para algum lugar onde a vida é sensata. Gostaria, mas não posso ir. Estou preso aqui por causa da minha hipoteca e de outras obrigações. Eu detesto o tráfego!" Ou você pode ter uma experiência totalmente diferente: "Rapaz, é bom ficar aqui sentado e apreciar esse raro momento sem correria. Tenho andado muito ocupado esta semana. Acho que vou simplesmente relaxar e apreciar um pouco de boa música no rádio." O tráfego é o mesmo, a quantidade de tempo necessário para chegar ao trabalho é a mesma; só a sua experiência do evento é diferente, e essa experiência é causada pela percepção que você tem dela. No segundo exemplo, você desacelerou até chegar à velocidade da vida. É importante saber que, muito embora as circunstâncias e dificuldades variem bastante em dificuldade e severidade, a dinâmica mental que estamos discutindo é sempre a mesma. Em outras palavras, muito embora cada um de nós encare problemas mais sérios do que um simples engarrafamento, nosso pensamento e nossa percepção sempre determinarão nossa resposta.

Não estamos afirmando que o pensamento está entre nós e a vida; o que queremos dizer é que o pensamento *é* nossa vida. A emoção é pensamento; a sensação é pensamento; a percepção é pensamento. Até mesmo a consciência é pensamento. Sem o pensamento, não haveria experiência. Você já esteve tão envolvido numa tarefa que não percebeu que não tinha se alimentado? Só quando alguém diz: "você não almoçou ainda?" é que se torna consciente da sensação de fome. Ou então, já esteve tão envolvido num bom filme ou livro que esqueceu completamente um problema pessoal? A nossa experiência de momento a momento está diretamente ligada com nosso pensamento de momento a momento. O seu problema pode de fato necessitar de atenção, mas você não vai experimentá-lo sem pensar nele.

CONSCIÊNCIA

A consciência é a faculdade humana que faz com que o pensamento pareça real. É o departamento de efeitos especiais do cérebro, pegando qualquer pensamento que apareça na nossa mente e transformando-o na nossa experiência da realidade, naquele momento, através dos sentidos.

Pense no que acontece quando você liga sua televisão. O que está vendo na tela é determinado pelo sinal que está recebendo. A televisão em si não tem nada com a programação. No entanto, sem uma televisão, um sinal não pode ser recebido.

A consciência é como a televisão. Ela leva à tela qualquer sinal em que a televisão está ligada – a história de assassinato, a reprise, o show de jogos, a novela. Qualquer coisa em que você esteja ligado não se origina na própria televisão. A televisão meramente transmite o que está na tela.

Como a televisão, a consciência traz o pensamento (o sinal) para a vida. O que quer que estejamos assistindo aparece através dos sentidos (sons, visões, odores, gostos e texturas). À medida que nos envolvemos no show televisivo, ele se torna nossa realidade.

PENSAMENTO
+
CONSCIÊNCIA
=
EXPERIÊNCIA

A consciência não decide qual pensamento vemos como realidade; ela é muito mais impessoal do que isso. A consciência simplesmente serve o nosso pensamento tornando-o real. O pensamento e a consciência são simultâneos. Por exemplo, caso você perceba a experiência no meio da sua experiência negativa no tráfego que o seu pensamento está criando sentimentos perturbados, a sua mente vai começar a se limpar e um novo pensamento vai, automaticamente, substituir a antiga percepção. Você pode aproveitar a oportunidade para simplesmente relaxar e apreciar a música e o tempo parado. Assim, você tem uma experiência totalmente diferente – e mais agradável – e o tempo passará muito mais rápido. Você alterou o seu pensamento através da compreensão e a sua experiência será alterada de acordo com o momento.

Não podemos controlar a nossa experiência uma vez que tenhamos criado o pensamento. A consciência é o servo passivo do pensamento, automaticamente transformando pensamentos em experiência. A única variável sobre a qual temos controle é o nosso pensamento. O que determina qual o canal em que estamos ligados?

RECONHECIMENTO DE PENSAMENTO

Todos nós temos a capacidade de fazer uma pausa e reconhecer o nosso pensamento – de ver que o pensamento não é uma realidade absoluta, mas meramente a nossa experiência da realidade no momento. Esse processo de autoconsciência ou de reconhecimento de pensamento é talvez a ferramenta mais poderosa que temos para restaurar a nossa saúde mental. Quando começamos a reconhecer que o nosso pensamento está criando nossa experiência, ficamos menos apegados a pensar de uma determinada maneira. Então, podemos ver que existem muitos canais à nossa escolha e não só aquele que estamos experimentando atualmente.

Sempre que posso reconhecer um pensamento que é um hábito negativo – digamos, uma tendência de culpar alguém ou de ficar zangado – posso me perceber no ato de criar uma realidade que está afetando adversamente o meu estado de espírito. Por exemplo, posso ficar irritado com minha colega de trabalho por não fazer o que acho que ela deveria estar fazendo. Então, no momento seguinte, reconheço que minha irritação é um pensamento. Nesse momento de reconhecimento de pensamento, o meu pensamento se desvia automaticamente da irritação. Os pensamentos que me ocorrerem em seguida serão determinados pelo meu nível de sabedoria, minha maturidade e meu humor. Explicaremos esse relacionamento de maneira mais detalhada mais tarde.

DOIS MODOS DE PENSAMENTO

1. O modo de análise/processamento

Muito embora crie toda a experiência, o pensamento pode funcionar de duas maneiras ou modos muito diferentes. Quando você sabe qual o seu modo de pensamento num determinado momento, está numa posição de viver num funcionamento psicológico saudável. O primeiro modo, o *modo de processamento*, é semelhante ao modo como um computador processa informação: armazenando dados e lidando com situações que exigem soluções onde todas as variáveis são conhecidas.[1] Vamos nos referir a ele usando os termos *modo de processamento, pensamento de processo, pensamento*

[1] Historicamente, os praticantes da Psicologia da Mente usaram muitos grupos de termos para descrever os modos de pensamento (o pensamento "de fluxo livre" também tem sido chamado de "difuso", "original", de modo "receptor", "sem esforço", enquanto o pensamento "de

analítico e *pensamento de computador*. O modo de pensamento de processamento executa as seguintes funções:

- Armazena informações (memória).
- Analisa esses dados (separa-os, compara-os com informações existentes e organiza-os em crenças, conceitos e idéias).
- Planeja as nossas vidas (cria uma simulação do futuro baseado nas memórias passadas e na nossa imaginação).
- Processa e calcula dados existentes na nossa memória para organizar nossas vidas e responder às situações.
- Recorda as informações que aprendemos anteriormente.

Este modo analítico de pensar é essencial para que possamos viver nossas vidas de maneira eficiente. Ele nos permite aprender tudo, da linguagem à matemática. Com a sua ajuda, podemos operar um computador, dirigir um carro ou encontrar nosso caminho até o armazém da esquina sem precisar redescobrir a rota todos os dias. Podemos nos lembrar do nosso nome e do aniversário do nosso casamento (graças a Deus!) e podemos realizar um milhão de outras tarefas, que uma vez aprendidas são facilmente repetidas. O modo de processamento não é o único modo em que podemos aprender, mas é o que a maioria das outras pessoas usa para aprender uma nova habilidade ou hábito; é o mais ensinado nas nossas escolas.

A vantagem primária do modo de processamento/análise é que quando todas as variáveis são conhecidas e temos todas as informações necessárias, o pensamento analítico é extremamente rápido e eficiente. Se, por exemplo, preciso estimar quanto tempo levaremos para chegar ao aeroporto de um local pouco familiar, posso usar o modo analítico para calcular distância, tempo e condições do tráfego.

A desvantagem desse modo de pensamento é que quando não conhecemos todas as variáveis, continuamos a ferver por dentro; ficamos obcecados repensando problemas sem resultado – um

---

processo" tem sido chamado de modo de "computador" ou analítico). Acreditamos que nenhum conjunto isolado de termos ofereça uma descrição capaz de incluir tudo, de modo que decidimos usar vários conjuntos de modo intercambiável na esperança de que os diferentes leitores encontrem um conjunto com que possam se relacionar melhor.

processo que causa desgaste, frustração e esgotamento. Por exemplo, se eu não sei imediatamente o que fazer para resolver a situação de um empregado difícil, posso processar o problema repetidas vezes na minha mente sem que tenha nenhum *insight* sobre a situação, em detrimento do meu trabalho, dos meus relacionamentos e do meu sono. No nosso mundo de ritmo rápido, a maioria de nós aprendeu a viver quase que exclusivamente nesse modo orientado para o processo. O uso repetido do pensamento de processo quando todas as variáveis não são conhecidas, todavia, pode e vai causar estresse, preocupação, ansiedade, depressão, um senso de pressa e muitas outras emoções negativas. O uso impróprio desse processo também é a causa principal do estresse que pode levar à doença mental e aos vícios.

Muito do que aprendemos a partir de fontes externas chega até nós através do modo analítico. Nossos hábitos, valores, habilidades, crenças, atitudes, preconceitos, expectativas, gostos e desgostos, preferências e traços de personalidade são todos incutidos através do processo de condicionamento e socialização. Então, personalizamos essas idéias para que correspondam a situações particulares através da análise e da computação. Essa forma intelectual de pensamento nos é ensinada desde o berço. O modo de pensamento de processamento/analítico é altamente valorizado na nossa cultura ocidental – tão altamente valorizado, na verdade, que esquecemos o outro modo de pensar, o modo de livre fluxo.

2. O modo de livre fluxo

A outra maneira de pensar que está disponível para nós opera como um rio. Ele está sempre fluindo, trazendo novas informações e pensamentos no momento – alguns da memória, alguns da fonte criativa. Chamamos esse modo de pensamento de *modo de livre fluxo*. Ao discutir o modo de livre fluxo, vamos usar de maneira intercambiável *pensamento original*, *inteligência criativa*, *modo reflexivo* e *pensamento sem esforço*. A finalidade primária desse modo é apreciar a vida, operar em níveis máximos de desempenho e eficiência e resolver problemas onde uma ou mais variáveis são desconhecidas. No modo de livre fluxo, temos a habilidade de pensar novos pensamentos – pensamentos que nunca foram considerados anteriormente. As pessoas costumam se referir a esse tipo de pensamento como intuição, criatividade, inspiração, sabedoria, *insight* e idéias saídas do nada ou inspiração divina. Esse modo de pensamento pode usar a memória, mas quando o faz, é de maneira nova e criativa, que é relevante para aquele momento.

Quando estamos no pensamento de fluxo, experimentamos o pensamento sem esforço. Nosso pensamento está no momento reagindo, o que quer que esteja acontecendo ou seja necessário naquela hora. Muitas pessoas não consideram esse modo de pensamento uma forma de pensar, mas com certeza é. Por exemplo, atletas profissionais estão no modo de livre fluxo durante o jogo – quando estão no campo. Um jogador de basquete no fluxo está lançando e passando instintivamente com um sincronismo preciso. Um orador público no modo de livre fluxo é inspirado, criativo e sensível à audiência com quem está falando. Escritores e professores muitas vezes se referem a estar "no" trabalho – um estado sem esforço da mente onde os pensamentos apropriados continuam a vir à superfície. As crianças brincando, freqüentemente, estão nesse modo. A verdade é que podemos fazer quase qualquer coisa no modo de fluxo, dependendo da confiança que tenhamos nele. O pensamento de fluxo permite que usemos as informações que temos na nossa memória, mas de uma maneira criativa e eficiente.

Quando estamos no fluxo, os pensamentos parecem vir até nós do nada. O pensamento não exige esforço algum. Na verdade, o esforço bloqueará nosso pensamento e nos colocará de volta no modo de processamento. A maioria das pessoas adora quando está no modo de livre processamento, mas poucas sabem como ter acesso a ele de maneira confiável. Muitas atribuem o fluxo ou o pensamento de livre fluxo às circunstâncias – às pessoas corretas, ao tempo, à mágica, à sorte e assim por diante. No entanto, como veremos, o pensamento de livre fluxo é completamente natural. É por isso que as crianças passam a maior parte do tempo no pensamento original – ele não é aprendido.

Numa pesquisa recente, as pessoas tinham de responder à pergunta: "Onde e quando você costuma ter a maioria das suas idéias criativas e/ou melhores?" As três respostas mais comuns foram "no chuveiro", "de férias" e "dirigindo o carro". Naturalmente, essas são ocasiões em que estamos fazendo pouco ou nada, mas, paradoxalmente, temos nossos melhores pensamentos e idéias justamente nessa hora. O motivo: o pensamento de livre fluxo. É um tipo diferente de inteligência.

É importante saber que *não* estamos afirmando que o modo de livre fluxo é bom e o modo de processamento é mau. O que estamos dizendo, contudo, é que podemos aprender a viver no pensamento de livre fluxo com uma freqüência muito maior do que a atual. E podemos aprender a usar o pensamento de processo mais como uma ferramenta quando necessário em vez de como nossa forma de pensamento dominante.

O pensamento de livre fluxo possui as seguintes vantagens:

- É livre de estresse.
- Não cansa.
- É o mais adequado para lidar com o desconhecido, onde o pensamento criativo ou evolutivo é necessário.
- Permite um desempenho em nível máximo e a diversão ao mesmo tempo.
- É natural.

Além de trabalhar com milhares de pessoas ordinárias lutando com todos os problemas concebíveis, trabalhamos com um número de executivos que aprenderam a diferença entre o pensamento analítico e o pensamento de livre fluxo. De modo típico, essas pessoas tentam conduzir um encontro de vendas no seu modo de livre fluxo – digamos, para criar uma nova linha de produtos. Quando está na hora de cuidar de detalhes práticos, como orçamentos e logística, contudo, eles conscientemente passam para seu modo de processamento. Assim que acham que estão ficando esgotados ou presos no seu pensamento processual, eles fazem uma pausa, limpam a mente e voltam ao modo de livre fluxo. Isso os ajuda a se sentirem renovados, de cabeça limpa e reenergizados.

Quanto mais familiarizado você se torna com esses dois modos, mais natural parece esse intercâmbio entre eles. Considere a história seguinte que demonstra o intercâmbio entre os dois modos de pensamento. Ela foi compartilhada conosco por Will Steger, o mundialmente famoso explorador do Ártico:

> Em março de 1983, eu estava viajando entre as vilas de Fort Good Hope e Artic Red River, nos territórios do noroeste do Canadá. Estava sozinho com nove cães e afundado em neve profunda numa temperatura de sessenta graus negativos. Os índios me disseram que eu encontraria uma trilha, mas ela não estava dando o ar da sua graça. Lentamente os meus suprimentos de comida começaram a rarear e comecei a me preocupar. A preocupação começou a me tirar o sono, e sem sono comecei a perder energia. Era uma situação muito séria. Fui forçado a encarar a mim mesmo para perceber que meu pensamento estava começando a se tornar uma ferramenta de autodestruição. Minha preocupação ia realmente me matar. Eu tinha conhecido um índio em Fort Good Hope a quem respeitava e ele me disse muitas coisas simples e sábias. Ele tinha dito "não se preocupe. Se ficar sem comida, vá até a margem do rio, acenda uma fogueira e se aqueça". Ele disse que era mais importante descansar o corpo e a mente do que comer. Esses pensamentos me acalmaram e fiquei em paz comigo mesmo, e realmente comecei a apreciar a situação. Esquadrinhei meu equipamento para diminuir minha carga e joguei fora tudo que não fosse essencial, incluindo o meu caríssimo equipamento fotográfico. Ficando relaxado, dormi como um bebê e despertei me sentindo descansado e excitado para os novos desafios de cada dia.
>
> Continuei durante outra semana, abrindo uma trilha para os cachorros e muitas vezes me atrelando com eles para puxar o trenó. Freqüentemente, viajava noite a dentro e tinha de armar o acampamento no escuro, a sessenta graus negativos. Assim que parava, tinha de ligar a lanterna para acender minha única fonte de calor, o fogão. Caso não conseguisse ligar a lanterna, provavelmente não sobreviveria. Mas com uma mente clara e relaxada, antecipava o ato de acender a lanterna. Era um processo lógico [uso apropriado do modo analítico] que consistia num número de passos que dependia de cada tarefa para o pensamento. Lembro-me vividamente da beleza das

estrelas sobre a minha cabeça. Era como se eu fosse o único ocupante do universo [modo de livre fluxo].

Durante aqueles dias, o meu pensamento ficou tranqüilo e captei a beleza ao meu redor. O principal perigo que enfrentava eram as infiltrações – água que desce das montanhas sob a camada isolante de neve e se acumula no gelo junto das margens do rio. Esses lagos ficam escondidos debaixo da neve e pisar num deles ao viajar sozinho a sessenta graus negativos significava morte certa. A maioria de nós já leu o livro de Jack London, *To Build a Fire,* e está familiarizada com o que aconteceu com o homem quando pisou acidentalmente em alguma infiltração. Contudo, uma cor cinzenta muito leve, quase indetectável na superfície, é o sinal do perigo oculto. Eu estava constantemente prestando atenção nesses sinais, não me concentrando e estreitando minha visão, mas ficando relaxado e vendo a beleza dos arredores. Nesse estado [modo de livre fluxo], a infiltração aparecia como luzes vermelhas de alerta e eu simplesmente as ignorava. A infiltração aparecia como uma desarmonia num mundo de brancura que me cercava.

Num determinado momento, enquanto eu viajava, meus olhos foram atraídos para a distante margem do rio. Havia alguma coisa que estava fora do lugar. Peguei meu binóculo para identificá-la. Era um ponto negro. Como podia um ponto negro existir sem ser coberto por um metro e vinte de neve, a menos que houvesse sido colocado ali recentemente? "Talvez seja o depósito de um caçador índio", pensei. Se houvesse sido colocado ali recentemente, então haveria uma trilha. Parei os cães e esquiei em frente para verificar. À medida que me aproximava, meus olhos focalizavam inteiramente o objeto negro. Ele foi ficando cada vez maior. Minhas esperanças cresceram. Quando me aproximei da margem, pude ver um fogão e alguns suprimentos. Foi quando cometi um grande erro. Na minha excitação por ter encontrado o depósito, minha mente se moveu na minha frente [uso impróprio do modo analítico-futuro] e, sem saber, esquiei direto numa infiltração. Parecia entrar num elevador descendo quando eu não queria descer. A minha intuição soube e meu corpo reagiu instantaneamente à sensação hidráulica da neve macia sendo comprimida numa poça d'água pelos meus esquis. Dei uma rápida freada, me desviando com os esquis. Essa dança me manteve na superfície enquanto eu deslizava até uma superfície sólida. O meu pensamento [analítico] não teve um estalo até mais tarde, quando as gotas de suor rolaram pela minha testa enquanto analisava meu erro e o anotava. O depósito realmente marcava a trilha que eu estava procurando. Eventualmente cheguei até Artic Red. Mas não antes de ser forçado a viajar numa tempestade durante três dias sem comida alguma.

COMO TER ACESSO AOS DOIS MODOS

Você pode notar que esses dois modos de pensamento funcionam de maneiras distintas; ou você está num deles ou está no outro. Como num *walkie-talkie*, ou você "fala" ou "escuta"; não há situação intermediária. No modo de processamento, parece que você está pensando, já que o processamento exige concentração e esforço. Mas soltar o botão do *walkie-talkie* – através da limpeza da sua mente – faz com que você entre automaticamente no modo de livre fluxo, onde seus pensamentos fluem uns nos outros sem esforço, de uma maneira inteligente, embora difusa.

Outra maneira de dizer isso é afirmar que, se você está pensando ativamente, está no modo de processamento; se você está pensando passivamente, está no modo de livre fluxo. Quando você está no fluxo, parece que não está pensando. O pensamento parece acontecer por meio de você. O pensamento de livre fluxo se move naturalmente, trazendo-lhe constantemente pensamentos novos e harmônicos. Quando você está no modo de processamento, contudo, o pensamento está se originando da sua memória.

Então, como acessar esses dois modos? Nós estamos mais familiarizados com o modo analítico/de processamento só porque é o modo de pensamento que aprendemos a valorizar mais. Sempre que realmente achamos que estamos pensando, estamos no modo de processamento. Ele pode parecer exigir mais esforço, como se estivéssemos batendo num tema. Pode ser uma fonte de tensão, se usarmos erradamente ou se continuarmos nesse modo por tempo mais prolongado. Quando nos sentimos como se estivéssemos "na nossa cabeça", estamos no nosso modo de processamento. Os exemplos desse modo incluem a memorização, tentar descobrir o caminho para chegar em algum lugar, analisar padrões de vendas ou ler as instruções de um novo programa de computador. Para ganhar acesso ao modo analítico, precisamos nos lembrar, analisar, computar e concentrar nosso pensamento, com tudo isso exigindo alguma quantidade de esforço.

Para acessar o modo de livre fluxo, precisamos nos desapegar do nosso pensamento analítico. Limpar a mente é muito parecido com deixar o sedimento descer na água; você simplesmente não faz nada e o sedimento se assenta automaticamente. Tudo que tentar para assentar o sedimento, na verdade, o agita. Outra maneira de pensar sobre isso é pegar um momento e levá-lo para o fogareiro de trás; isto é, não pensar ativamente sobre ele, mas escolher esquecê-lo momentaneamente para que o pensamento de livre fluxo possa trabalhar nele enquanto você limpa a casa, cuida do jardim ou responde aos telefonemas.

Para ganhar acesso ao pensamento original, precisamos saber que ele existe e precisamos valorizar o seu poder. Em segundo lugar, precisamos ter fé no fato de que, assim que limparmos a mente, esse modo vai automaticamente começar a nos alimentar com um fluxo de pensamentos – o que realmente acontecerá. Ele pode nos dar respostas que não estávamos esperando, mas elas serão muito superiores e muito mais sábias que os pensamentos que já tinham passado por nossa mente. Como dissemos antes, o pensamento de livre fluxo é melhor para encontrar uma solução desconhecida. O pensamento analítico pode ganhar acesso apenas aos dados da memória. Ao sairmos do modo analítico que tenta decifrar tudo, criamos um vácuo que será preenchido pelo modo de livre fluxo.

Não saber

Não saber, isto é, estar disposto a admitir que não sabemos, é uma das chaves que abrem a porta para a inteligência criativa. É necessário ter humildade para abrir essa porta. O nosso ego não gosta de não saber e preferiria repetir várias vezes o que já pensamos e acreditamos do que confiar num processo sutil e desconhecido como a inteligência criativa. Mas nos abrirmos para o desconhecido é uma alternativa pacífica e produtiva para nosso modo de processamento sempre ocupado, onde fingimos (ou esperamos) que sabemos o que está acontecendo. Limpando a mente e admitindo a nós mesmos que não sabemos, recebemos respostas que são, muitas vezes, brilhantes, inesperadas e simplesmente certas para a situação. Recentemente, Richard e sua esposa estavam preocupados com alguns problemas de saúde que a sua filha mais nova estava tendo. Eles tentaram repetidas vezes encontrar uma resposta. Seus esforços incluíram várias visitas a especialistas, sem resultados reais. Como o problema não era de vida ou morte, decidiram parar de tentar com tanta força – se desapegar do problema – e permitir que uma resposta se apresentasse. Alguns dias depois, Kris, a esposa de Richard, teve a idéia de que a dieta da filha deles podia ter algo a ver com o problema. Eles verificaram esse palpite e viram que ela tinha razão. A sua filha era sensível a um certo tipo de comida que adorava. O problema foi eliminado. Ninguém foi capaz de deduzir o que fazer; em vez disso, o processo de não saber ofereceu uma resposta apropriada.

Um dos nossos clientes recentemente falou sobre o valor do uso do pensamento reflexivo:

> Eu estava no trabalho tentando escrever um memorando para outro gerente e não saía direito. O memorando parecia hostil, sarcástico e eu sabia que não estava bom. Devido ao sentimento negativo, e como o processo parecia tão difícil, resolvi deixá-lo de lado durante algum tempo e fazer outro trabalho. Mais tarde naquele dia, subitamente, me veio exatamente o que eu precisava dizer. Sentei e escrevi o memorando em dez minutos, e ele ficou ótimo. Se eu houvesse tentado escrevê-lo no meu modo analítico/de processamento, ele teria saído péssimo e eu precisaria levar pelo menos uma hora escrevendo e reescrevendo. Passar para o meu modo reflexivo me permitiu preparar um memorando muito sensível politicamente, e nem pareceu que eu tive de escrever!

A sua disposição de se desapegar, de não saber exatamente o que fazer, ofereceu a resposta de que ele precisava.

O modo de pensamento de livre fluxo é essencial para todo crescimento, mudança, desenvolvimento e evolução pessoais. Quando aprendemos a viver nesse modo a maior parte do tempo, reservando o modo de processamento para tarefas que exigem planejamento, cálculo e análise, a vida se torna muito mais fácil e calma. Ela começa a desacelerar. Começamos a viver nos sentimentos mais profundos que acompanham a saúde mental – gratidão, alegria, relaxamento, calma, compaixão e um senso de facilidade. O nosso pensamento é adaptativo, isto é, apropriado para o momento. Não respondemos devido a hábitos ou crenças do passado, mas sim lidamos a cada situação de uma maneira criativa e apropriada.

DIFERENÇAS ENTRE O MODO DE LIVRE FLUXO E O MODO DE PROCESSAMENTO

MODO DE LIVRE FLUXO	MODO DE PROCESSAMENTO
Facilidade	Esforço
Passivo	Ativo
Automático	Trabalhado
Não linear	Linear
Sentimentos mais profundos	Emoções condicionais
Usa a memória seletivamente	Baseado e preso na memória
Criativo	Habitual
Espontâneo	Previsível
Quadro geral	Detalhes
Floresta	Árvores
Visão	Tarefas
Inspirado	Programado

RECONHECIMENTO DE PENSAMENTO

O reconhecimento de pensamento é a chave para a desaceleração e mudança de marcha. Quando fazemos uma pausa e refletimos, nosso modo de livre fluxo toma conta e nos guia para o próximo passo. É nosso piloto automático embutido, a sabedoria que nos permite saber a diferença entre os dois modos e saber qual é o necessário para um dado momento. Quando podemos reconhecer nosso pensamento, o passo seguinte parecerá óbvio – seja ele colocar a questão no fogareiro de trás, analisá-la mais um pouco, procurar mais informações ou simplesmente não fazer nada. Essa capacidade de reconhecer nossos pensamentos, com a prática, torna-se automática, e nosso modo de pensamento muda de segundo a segundo. Viver consistentemente sabendo como nossa mente funciona é o que chamamos de funcionamento psicológico saudável. Quando estamos num funcionamento psicológico saudável (ou FPS), nossa mente funciona como motores bem-ajustados, com todas as partes trabalhando juntas para mover o veículo. Sabemos quando usar os dois modos de pensamento, como compreender o papel das nossas emoções, de onde está vindo nossa experiência e assim por diante. O funcionamento psicológico saudável é nossa definição da saúde mental. Mas se estamos ou não no FPS depende do nosso nível de compreensão.

NÍVEIS DE COMPREENSÃO

Cada vez que temos uma compreensão súbita da natureza do nosso pensamento e do nosso funcionamento psicológico – cada vez que nos vemos como os pensadores dos nossos próprios pensamentos, os criadores de nossa experiência de momento a momento – experimentamos uma alteração no nosso nível de compreensão. Por maiores ou menores que sejam essas alterações, elas são mudanças permanentes, e não *insights* temporários. E quando eles ocorrem, vemos a vida de uma maneira um pouco diferente. Por exemplo, Joe se lembra da primeira vez em que percebeu que suas emoções eram simplesmente seus pensamentos e não eram causadas por outras pessoas ou eventos externos. Quando isso aconteceu, não pôde mais se entregar ao seu hábito de autopiedade. O seu nível de compreensão tinha aumentado (ele experimentara o que, às vezes, é chamado de "mudança vertical") e o seu novo nível de compreensão não permitia que ele continuasse com seu antigo hábito. Assim, por exemplo, quando ele se sentia apressado, em vez de cair no seu velho hábito de reclamar dos seus horários, podia sentir o seu próprio pensamento acelerado e o papel que ele estava tendo na sua experiência.

Uma cliente de Richard estava dirigindo seu carro para casa depois do trabalho. Ela estava preocupada com seu relacionamento com seu futuro marido; estava revisando mentalmente muitos dos seus argumentos passados e ensaiando o inevitável conflito daquela noite. Subitamente, aconteceu algo que nunca acontecera antes. Era como se houvesse sido surpreendida ou notado o seu próprio pensamento pela primeira vez. Num único instante, ela percebeu que havia passado muito tempo nesse ensaio mental, envolvendo-se nele muitas vezes por dia. Pensou consigo mesma: "Como posso esperar ter um relacionamento amoroso quando passo a maior parte do meu tempo pensando como ele é horrível?" Ela experimentou uma alteração no seu nível de compreensão. Conseqüentemente, a sua vida é muito diferente. Hoje, sempre que pensamentos negativos entram na sua mente, ela os leva muito menos a sério e os experimenta com muito mais perspectiva. O seu relacionamento é muito mais amoroso e tem muito mais chance de permanecer desse modo.

Outros livros de auto-ajuda e psicoterapias podem ensinar ou encorajar você a alterar o conteúdo dos seus pensamentos individuais. O que estamos dizendo é muito diferente. O que afirmamos é que o seu pensamento, suas percepções, seus sentimentos irão todos mudar *automaticamente* à medida que o seu nível de compreensão subir. Quando isso acontecer, você vai ver a vida de uma maneira diferente e assim responder de maneira diferente. Falando de um modo geral, quando o seu nível de compreensão subir, você terá uma experiência de sentimentos mais profundos, tais como gratidão, calma, paz, esperança e alegria.

Imagine, por um momento, que sua vida de problemas, prazos finais e dificuldades é como um amontoado de troncos. Tentar alterar cada pensamento é como tentar tirar cada tronco individual desse amontoado. Seria extremamente difícil ou até mesmo impossível fazê-lo. Então, imagine que você abriu a represa rio acima e elevou o nível da água. Os troncos todos vão subir e se soltar sozinhos. Elevar o seu nível de compreensão funciona de uma maneira similar. Podemos abrir os portais da represa da nossa mente ganhando um nível mais profundo da mente – vendo como nosso pensamento contribui para nossa vida confusa e acelerada.

Um casal procurou Joe em busca de aconselhamento matrimonial devido a muitas questões, filosofias de criação de filhos diferentes, problemas financeiros, problemas sexuais e discussões constantes. À proporção que aprenderam a viver num funcionamento psicológico saudável – à medida que o seu nível de compreensão subiu –, eles começaram a ver suas questões de maneira diferente. Perceberam o que havia de verdade no estilo de criação de filhos do outro; deixaram os ressentimentos passados para trás e passaram a viver em sentimentos de afeto, amor e carinho, e em conseqüência dessas mudanças, o desejo sexual se reavivou. As suas discussões foram substituídas com comunicações de coração a coração. A questão é, eles não precisavam de aulas de paternidade, aconselhamento sexual específico e treinamento em comunicações. Em vez disso, essas habilidades tornaram-se naturais para eles num nível superior de compreensão. A alteração no seu nível de compreensão ocorreu num período diferente para cada um deles, mas para ambos ocorreu num único instante – uma mudança de coração. O seu amor mútuo retornou.

MAU USO DO MODO DE PROCESSAMENTO

Quando ficamos assustados, temos a tendência a voltar para o que é familiar – nossos hábitos, nossas tradições e memórias. Tendemos a pular para o modo analítico. Remoemos, processamos, reprocessamos, matutamos e revivemos uma experiência, repetidas vezes. Essa tendência é comum a todos nós, mas nunca foi produtiva. Não é para isso que o modo analítico serve. As questões do coração geralmente funcionam melhor quando são deixadas para nosso processo de pensamento original. Se não podemos resolver algo com o pensamento analítico em alguns segundos – ou, no máximo, em alguns minutos –, é um bom sinal de que estamos na marcha errada. A melhor estratégia é colocar a preocupação no fogareiro de trás. À medida que começamos a sentir quando é apropriado deixar de usar o modo analítico, o modo de processamento se torna um servo do modo de livre pensamento.

Usar o modo de processamento/analítico para qualquer outra coisa que não situações onde todas as variáveis são conhecidas é um uso impróprio. Você pode confiar no aviso dos seus sentimentos de que está no modo errado. Quando você está envolvido no uso doentio do modo de processamento, vai experimentar muitas emoções negativas, tais como preocupação, irritação, frustração, raiva, medo, ressentimento, ciúme, ansiedade e estresse. Discutiremos o papel das emoções como uma bússola – como sinais de padrões doentios – no capítulo seguinte.

MAU USO DO MODO DE LIVRE FLUXO

O modo de livre fluxo é utilizado erroneamente com uma freqüência muito menor do que o modo de processamento na nossa cultura. No entanto, existem ocasiões em que podemos querer estar no modo de livre fluxo, muito embora sejamos melhor servidos pelo modo de processamento. Criancinhas brincando que são chamadas de volta para a sala de aula são um exemplo comum. Ou então, podemos precisar planejar uma viagem, agendar um compromisso ou preparar um orçamento para a companhia. Quase sempre, vamos querer estar no modo de processamento para cuidar dos detalhes específicos. Quando estamos aprendendo uma nova tarefa, tal como dominar um programa de *software* de computador ou um instrumento musical, precisamos praticar e nos lembrar da informação enquanto estamos no modo analítico. Do mesmo modo que usar uma calculadora é mais rápido e faz cometer menos erros na computação do que adivinhar a resposta certa, o modo de processamento é melhor para definir uma agenda de trabalho. Nos níveis mais elevados da saúde mental, alguns indivíduos são capazes de aprender novas tarefas no modo de livre fluxo, enquanto a maioria de nós tende a quicar entre os dois modos.

VIVER NO FLUXO

Você não precisa esperar até ter um problema difícil para resolver usar o modo de livre fluxo. Se está vivendo sua vida ordinária no fluxo, vai se acostumar a ser hábil nele, e vai construir imunidade a ficar preso nos seus hábitos de pensamentos negativos quando o problema aparecer. Pode ser uma boa idéia, por exemplo, num dia em que você está de bom humor, mas sua mente está agitada, observar que se você não se entregar ao hábito de alimentar a sua mente com pensamentos excessivos, muito embora eles pareçam positivos e inofensivos, você vai permanecer no modo de livre fluxo por períodos mais longos de tempo.

Mesmo que os *insights* venham, você pode evitar o hábito de pensar demais sobre eles. Deixe que o pensamento criativo continue a fluir pelo rio em vez de apanhá-lo para inspeção analítica. Você pode acreditar que o *insight* vai continuar ali quando precisar dele; deve resistir à tentação de se apegar a ele memorizando-o e desmantelando-o pedaço por pedaço. Aprender a operar numa base de momento a momento com a mente tranqüila acumula uma reserva de funcionamento saudável que ajuda você a viver nela quando as coisas ficam difíceis. Viver no fluxo torna-se um modo de vida familiar.

DESACELERANDO ATÉ CHEGAR AO MOMENTO PRESENTE

Neste capítulo, demonstramos a possibilidade assim como a praticidade de viver no momento presente. Desacelerar até chegar à velocidade da vida não é simplesmente possível; é o modo como deveríamos viver. Resumindo:

1. Falamos sobre nossa saúde mental inata com o potencial de todos os seres humanos de viver num funcionamento psicológico saudável. Essa saúde mental é uma caixa de ferramentas para a vida. Temos dentro de nós a capacidade para auto-estima, amor incondicional, sabedoria, humor, compaixão pelos outros, criatividade, alegria e uma forma de pensamento inteligente que guia cada passo na nossa jornada para a vida.
2. Aprendemos que o ponto de entrada para essa saúde mental é viver no momento presente. Para que possamos compreender como viver no momento presente, precisamos compreender como criamos nossa experiência psicológica da vida. Aprendemos que toda experiência vem do nosso pensamento, e que esse pensamento, quando combinado com a consciência, nos dá a experiência da nossa realidade. Nosso comportamento e as conseqüências que recebemos na vida são um resultado direto deste processo.
3. Aprendemos que existem dois modos distintos de pensamentos. Esses dois tipos de pensamento são conhecidos como o modo de processamento/analítico e o modo de livre fluxo/reflexivo.
4. Aprendemos que a finalidade do modo de processamento é lidar com situações onde todas as variáveis são conhecidas.
5. Aprendemos que o modo de livre fluxo é para lidar com o desconhecido, com a mudança e com a evolução. Ele tem como apoio o *insight* em vez de utilizar simplesmente na memória. Ele também é o modo que nos permite apreciar a vida ao máximo. Então, discutimos como acessar

esses dois modos de pensamento e os prós e contras de cada um deles.

6. Também aprendemos que a finalidade primária de aprender esses princípios é elevar nosso nível de consciência. À medida que nossa compreensão aumenta, ganhamos maior entendimento sobre a vida e com ela, pensamento, sentimentos e percepções vão mudando automaticamente. Há, na verdade, muito pouco que precisamos fazer.
7. Finalmente, descobrimos que o funcionamento psicológico saudável é um processo natural para todos nós. Quando reconhecemos nosso pensamento doentio, voltamos ao nosso modo de ser básico – o funcionamento psicológico saudável. Quando funcionamos com saúde mental, sabemos exatamente como e quando usar os dois modos, compreendemos o papel das nossas emoções como uma bússola e experimentamos um aumento no reconhecimento dos pensamentos.

No capítulo seguinte, veremos os detalhes práticos da navegação do seu pensamento, dos humores e das emoções. Isso vai dar a você uma compreensão prática de como viver no momento presente.

Capítulo 2

Navegando o seu pensamento

Se você considerar a sua vida uma jornada e a si mesmo como o capitão do seu navio, vai saber que nada é mais importante para a sua sobrevivência e qualidade da sua vida do que aprender a navegar eficientemente. A maioria de nós, contudo, desenvolveu hábitos mentais que interferem com nossa habilidade de nos mantermos no curso, mudar de direção, desacelerar ou ganhar acesso à nossa sabedoria. Em vez de seguir o fluxo da nossa jornada usando um movimento apropriado e sem esforço, a maioria de nós resiste e luta com cada onda, transformando o que seria um passeio pacífico em experiências difíceis e muitas vezes dolorosas.

À proporção que você olha ao seu redor para as pessoas da sua vida, vai observar que a maioria de nós teve um treinamento muito pobre no uso das habilidades de navegação. Raramente fomos ensinados que diferentes circunstâncias da vida são mais apropriadas para diferentes modos de pensamento ou que nosso pensamento analítico pode interferir (e de fato interfere) – até mesmo sabotar – na qualidade das nossas vidas. Como nos apoiamos de modo tão intenso no pensamento analítico, muitas vezes rolamos nossas mangas para cima e vamos ao trabalho (acelerando) quando seria mais útil desacelerar e recuar. Tentamos forçar respostas em vez de permitir que elas surjam e tentamos chegar pelo pensamento até soluções que viriam facilmente a uma mente tranqüila e receptiva. Como resultado, tendemos a correr de um lado para outro confusos, frustrados e frenéticos. Esse modo acelerado de viver é reforçado pelo passo frenético e apressado da nossa cultura tecnológica moderna. Como a maioria das pessoas também está vivendo num estado de espírito acelerado, aceitamos, sem pensar, um ritmo frenético como algo inevitável, mas na verdade não é.

Aprender a ganhar acesso a esse modo mais tranqüilo de pensamento envolve o reconhecimento de como isso é importante e prático. Isso é particularmente verdadeiro quando precisamos de respostas originais para questões de coração, quando somos confrontados com um momento difícil, quando precisamos estar em níveis de desempenho elevados ou quando queremos desacelerar nossa mente superativa ou o ritmo da nossa vida.

A maioria de nós nem sonharia em usar um computador para resolver um problema matrimonial ou de criação dos filhos ou, ainda, pedir um aumento ao patrão; essas questões exigem criatividade e *insight*. Mas, essencialmente, é isso que fazemos quando nos apoiamos demais no pensamento analítico numa tentativa de encontrar respostas para esses tipos de questões. Novas soluções não surgem no modo de pensamento de processamento. Em vez disso, as respostas de que precisamos vêm de uma mudança de coração, de ver a vida de modo diferente – do fluxo. Elas vêm do desconhecido, o território do pensamento de fluxo. Não saber é uma das maneiras-chaves de ganhar acesso ao modo reflexivo. Quando admitimos que não sabemos e estamos confiantes de que virá uma resposta, logo começamos a ver que o modo de livre fluxo nos entregará a resposta de que precisamos. O mesmo é verdade com muitos momentos na vida cotidiana. Se tentarmos resolver com o pensamento aquilo que estamos enfrentando – se tentarmos compreender nossos momentos com o pensamento analítico em vez de permitir que nosso modo de livre fluxo intervenha –, vamos acabar frustrados e ansiosos.

Você vai começar a notar (se ainda não notou) que sempre que está se sentindo acelerado, apressado ou fora de controle navegou para longe do funcionamento psicológico saudável e chegou no reino da mente superativa. Nesse caso, um momento de reconhecimento geralmente pode levar você de volta para o momento presente e lentamente desacelerá-lo até um ritmo mais eficaz de funcionamento. Lembre-se, contudo, de que não há nada errado com o pensamento analítico. A meta não é parar de pensar ou tornar o pensamento analítico seu inimigo. Muitas vezes, a sua mente analítica servirá a você de maneiras saudáveis e necessárias, como já discutimos. A chave é tornar-se consciente quando o seu pensamento o está servindo e quando o está afastando do lugar para onde você quer ir.

Por exemplo, Richard se lembra de uma ocasião em que ele estava calculando o número aproximado de cadeiras de que ele precisaria para uma palestra pública que iria dar. Telefonaram do hotel onde seria realizada a palestra para dizer que ele precisava dar a informação em algumas horas. Claramente, Richard precisou usar seu pensamento analítico para determinar o número aproximado de convidados que estariam presentes. Infelizmente, nesse caso, ele permitiu que o seu pensamento analítico continuasse muito depois de ter servido à sua finalidade. Ele começou a pensar coisas como: "E se não vier ninguém? E se eu disser ao hotel que preciso de um monte de cadeiras e poucas pessoas aparecerem? Seria muito embaraçoso. Eu gostaria de ser mais organizado. Por que sempre acabo entrando nessas confusões?" E ele foi continuando assim, tendo um ataque de pensamentos completo durante pelo menos cinco minutos antes de realizar o reconhecimento de pensamento e perceber o que estava acontecendo. O que ele precisava fazer – em vez de usar seu pensamento para assustá-lo – era estar no seu modo reflexivo e não no modo de processamento, de modo que ele pudesse refletir sobre a sua palestra naquela noite. Se ele tivesse continuado durante muito tempo a usar de uma maneira imprópria o seu pensamento, poderia muito bem ter afetado sua palestra naquele dia.

A maioria aprendeu a aceitar as pobres capacidades de navegação como a norma, sem perceber que temos de fato outras opções. Não observamos, por exemplo, que estar zangado, apressado ou estressado é uma mente que perdeu de vista o seu funcionamento psicológico saudável, uma mente dependente demais do pensamento analítico. Quando esta mesma mente desacelera até chegar à velocidade da vida, e começamos a reconhecer o pensamento pelo que ele realmente é, a sua sabedoria intrínseca vai fluir. As mesmas questões vão surgir segundo uma luz inteiramente nova.

Você pode aprender a alcançar o seu modo de pensamento de livre fluxo – o modo tranqüilo e pacífico de pensar – simplesmente sabendo que ele existe e confiando nele. O primeiro passo é reconhecer o modo de pensamento que você está usando neste momento, deixando que seus sentimentos sejam seus guias.

A RELAÇÃO ENTRE PENSAMENTO E SENTIMENTO

Cada sentimento negativo que experimentamos é um pensamento. Na verdade, os sentimentos são pensamentos numa forma mais sutil. Você experimenta pensamentos na forma de sentimentos e sensações. Por exemplo, é impossível sentir-se zangado sem ter pensamentos zangados ou sentir-se estressado sem ter pensamentos estressantes. Se você sente necessidade de verificar isso, nós o encorajamos a tentar um pequeno teste que temos usado com clientes há anos.

REFLEXÃO

Imagine, por um momento, que a sua meta era sentir-se o mais zangado possível. O que você faria para consegui-lo? Muito simplesmente, você teria de pensar sobre alguma coisa que o deixa particularmente zangado para sentir raiva. De outro modo, você seria incapaz de recriar os sentimentos. Tente isso agora e você verá o que queremos dizer.

O sentimento e o pensamento são inseparáveis. Você pensa, você sente. Você pode nem sempre estar consciente dos seus pensamentos ou mesmo do que está pensando. Veja, por exemplo, esse diálogo típico com um cliente:

Cliente: Tenho andando muito estressado. A minha vida é complicada demais.

Richard ou Joe: Você reconhece que está tendo pensamentos estressantes?

Cliente: Eu não tenho pensamentos estressantes; eu só me sinto estressado. É a minha vida que está me causando estresse. É por isso que estou aqui!

Esse cliente vê o seu estresse como uma coisa comum. Embora essa pessoa nem sonhe em passar horas obcecado com um único pensamento frustrante, ele pode estar com dúzias de pensamentos estressantes fugidios na cabeça e raramente, ou nunca, ter consciência do que está fazendo. Em outras palavras, ele não tem reconhecimento de pensamento. Esse hábito parece normal para ele e, portanto, é invisível para a sua consciência. Ele deduz que seus sentimentos são simplesmente resultado de suas circunstâncias de vida estressantes.

Pensar sobre algo pode acontecer durante um período de tempo ou pode levar apenas um segundo. Em ambos os casos, existe uma relação direta entre seus pensamentos e o modo como você se sente. Caso você tenha o pensamento, mesmo que momentâneo, de que "amanhã vai ser um dia difícil", não é coincidência que de repente você fique um pouco preocupado. Do mesmo modo, se você tiver o pensamento de que "a minha vida é uma bagunça: nada dá certo", o fato de você passar a sentir pena de si mesmo não é nenhuma surpresa. O sentimento muda no instante em que o pensamento entra na mente. Se, em vez disso, você pensar "puxa, há um bocado de trabalho a ser feito por aqui. Será que os outros também pensam assim?", os seus sentimentos vão ser muito diferentes – menos antagônicos, talvez.

SENTIMENTOS: SUA BÚSSOLA DE NAVEGAÇÃO

Gostaríamos que estudasse uma nova maneira de pensar sobre os seus sentimentos que simplificará muito a sua habilidade de navegar na direção do seu funcionamento psicológico.

Quando encaramos de frente o assunto, só existem dois tipos de sentimentos: os confortáveis e os desconfortáveis. Existem sentimentos de que você gosta e outros de que você não gosta, sentimentos que são nutridores e outros que são dolorosos. A maneira como a maioria das pessoas pensa sobre seus sentimentos é rotulá-los e dividi-los em categorias muito específicas – raiva, medo, felicidade, ciúme, estresse, paz, pressa e assim por diante – mas o fato permanece de que alguns desses sentimentos são confortáveis e outros não.

Seus sentimentos são uma ferramenta de navegação que pode ajudá-lo a guiar-se rumo ao funcionamento psicológico saudável. Eles deixam que você saiba em qual modo de pensamento está. De modo geral, se você está se sentindo confortável, é uma sugestão de que está num modo de pensamento saudável. Se, contudo, está desconfortável, isso sugere que você está preso, num determinado grau, em algum tipo de pensamento doentio. Nesse caso, pode ser a hora de recuar e refletir. No modo de pensamento de livre fluxo, você pode experimentar um sentimento desconfortável, mas ele simplesmente flui até ir embora. No modo de processamento, você tende a aprisioná-lo e analisá-lo.

Os seus sentimentos confortáveis podem ser considerados uma temperatura ambiente ideal. Quando você está experimentando a temperatura ambiente ideal, não é preciso realizar nenhum ajuste mental. Provavelmente, você está usando o tipo de pensamento apropriado para a tarefa à mão. Mas do mesmo modo que o termostato avisa a fornalha quando está na hora de ligar, os seus sentimentos podem alertá-lo quando você precisa de algum tipo de ajuste mental. Não estamos sugerindo que os sentimentos confortáveis são sempre bons e que os sentimentos desconfortáveis são sempre maus. O que estamos dizendo é que se você está experimentando sentimentos desconfortáveis ou se está se sentindo apressado ou acelerado, simplesmente reconheça esses sentimentos e não tente descobrir de onde eles vieram. Você certamente não precisa se punir ou criticar a si mesmo. Talvez a melhor coisa a fazer seja simplesmente observar o que está acontecendo. Com o tempo, essa observação simples o levará de volta ao pensamento de fluxo livre.

Deixe-nos compartilhar com você um exemplo pessoal de como essas dinâmicas funcionam na vida cotidiana. No outro dia, Richard estava no armazém da esquina quando dois adolescentes punks passaram por ele. Eles tinham cabelo espetado, roupas sujas e dúzias de tatuagens nos seus corpos. Estavam ouvindo música alta dentro da loja.

Alguns minutos depois, Richard percebeu que estava se sentindo desconfortável; havia algo de errado. A consciência desses sentimentos desconfortáveis foi seguida por uma percepção de que estivera pensando de uma maneira muito crítica sobre os dois adolescentes. Como uma lâmpada na sua mente, o simples ato de reconhecer seus sentimentos desconfortáveis – de que havia algo errado – lembrou-o de que era necessário fazer uma mudança na sua maneira de pensar. O pressuposto de Richard de que sentimentos desconfortáveis são sempre um sinal de pensamento disfuncional colocou sua experiência numa luz diferente. Quase instantaneamente, seus pensamentos críticos foram substituídos por pensamentos de compaixão. Ele percebeu que não estava na posição de julgar os outros.

Sentimentos desconfortáveis são uma dica – um aviso, um alerta de que você está fora do caminho – pensando de maneira disfuncional. Isso não significa que eles são "maus"; na verdade, nesse sentido, os sentimentos desconfortáveis são seus amigos!

Assim como as luzes de alerta no painel do seu carro o avisam de perigos potenciais, seus sentimentos negativos o alertam de que seu pensamento não está mais servindo a você. Sem seus sentimentos para alertá-lo de que há um problema por perto, você não tem como determinar se saiu do seu curso ou não.

Se você rotula constantemente seus sentimentos negativos – por exemplo, "estou com raiva" –, em vez de simplesmente notar que "estou me sentindo desconfortável", vai manter os sentimentos negativos vivos no seu pensamento, aumentando o grau do seu aprisionamento e sua preocupação com seus sentimentos. O seu pensamento torna-se uma espiral onde quanto mais analítico você se torna sobre seus pensamentos, mais aprisionado você se sente.

O ato de notar sentimentos desconfortáveis – vê-los como um sinal de aviso – lembra você daquilo em que está pensando; desperta você. Esse ato simples limpa a sua mente e aponta você de volta para seu processo saudável. Vamos compartilhar mais um exemplo pessoal para reforçar esse ponto importante:

A filha de sete anos de Richard tinha recentemente adquirido o hábito de demorar enquanto se preparava para a escola. Alguns dias atrás, Richard recebeu um telefonema quinze minutos antes da hora de levá-la à escola. Antes de atender à ligação, ele perguntou de maneira gentil e respeitosa à sua filha se ela estaria pronta no momento em que ele terminasse a ligação. Ela assegurou-o de que estaria. Era particularmente importante nesse dia que ela cooperasse, porque Richard teria um encontro importante poucos minutos depois de deixá-la no colégio.

Richard teve de terminar seu telefonema mais cedo, dizendo à pessoa com quem estava falando: "Tenho de ir agora. Preciso levar minha filha à escola." Ele chamou sua filha, só para descobrir que ela não tinha nem começado a se arrumar. Experimentou uma mudança imediata na maneira como estava se sentindo. Ficou zangado, desapontado e preocupado em se atrasar para o encontro. Tudo aconteceu num instante.

Felizmente, Richard aprendera a compreender seus sentimentos como um sinal de que seu pensamento estava prestes a deixá-lo aborrecido – um sinal de que ele estava entrando no pensamento doentio. Naquele caso, seus sentimentos o avisaram de que ele estava desequilibrado e reativo. Em vez de imobilizá-lo, seus sentimentos de desconforto foram uma bênção disfarçada. Eles o despertaram e permitiram que ocorresse uma mudança no seu pensamento. A prática do reconhecimento de pensamento rapidamente limpou sua mente e pensamento, o que o tornou menos reativo e o levou de volta ao pensamento de fluxo. Num certo sentido, o pensamento é como um mecanismo de autocorreção. O ato de reconhecimento de pensamento faz todo o trabalho.

Esse tipo mais sensível de pensamento ajudou Richard a recuperar sua perspectiva e decidir o que fazer em seguida. Como ele foi capaz de reaver seu sangue-frio, não gastou tempo demais se preocupando com o que tinha acontecido (algo que certamente teria feito há alguns anos). Em vez de perder tempo, ele usou a energia de estar presente no momento para ajudar sua filha a se preparar para a escola.

De modo algum estamos sugerindo que Richard não ficou zangado ou frustrado – ele ficou. Mas não ficou imobilizado por esses sentimentos; ele não viu seus sentimentos desconfortáveis como algo que devia temer ou combater, e sim como informações para guiá-lo numa direção diferente. Em vez de processar o conteúdo dos seus sentimentos raivosos, ele os usou como um instrumento de navegação para conduzi-lo até o pensamento de fluxo. Claramente, a sua filha deixara de seguir suas instruções e depois ele teve uma conversa sincera com ela naquela noite. Ele sabia que tinha de explicar muito bem o que esperava dela nas manhãs. Apontamos isso porque é importante saber que recuar do seu pensamento intenso não significa fingir que as coisas não incomodam você ou que você não precisa responder. A verdade é que você vai responder de maneira *mais* apropriada e com *maior* sabedoria e eficácia se aprender a confiar no seu pensamento de fluxo e a agir a partir de um funcionamento psicológico saudável. Em vez de reagir à vida, você começa a responder à vida com uma perspectiva mais ampla.

Aprender a responder à adversidade dessa nova maneira começa pela compreensão dos seus sentimentos segundo uma luz diferente – não como algo a ser temido, reprimido, evitado ou expresso, mas simplesmente como uma bússola de navegação. Elas oferecem uma oportunidade de perceber que o seu pensamento é disfuncional, de modo que possa passar para um modo diferente. Chegar a essa compreensão é simplesmente aprender a reconhecer quando você está tendo um pensamento negativo. Então, subitamente, a sua compreensão toma conta e o leva para um modo diferente. Nenhum processo mental é necessário; ele acontece por si só.

O RECONHECIMENTO DE PENSAMENTO REVISTO

Os efeitos negativos do pensamento surgem quando perdemos de vista nosso reconhecimento de pensamento – quando esquecemos que estamos criando nossa experiência. A chave é lembrar-se de que o pensamento não é algo que acontece com a gente; é algo que estamos fazendo numa base constante, quer tenhamos consciência disso ou não. É fácil esquecer que estamos pensando. Quando esquecemos, culpamos nossas circunstâncias pela nossa infelicidade e frustração, e a nossa mente gira, muitas vezes totalmente fora de controle. É um grande fator no nosso sentimento quase constante de pressa. Um ponto importante, contudo, é que o reconhecimento de pensamento não significa necessariamente que você se vê criando pensamentos; é só um reconhecimento de que você deve estar pensando, porque está tendo pensamentos.

Muito embora a maioria de nós não escreva uma carta desagradável para nós mesmos, e quando a lemos ficamos ofendidos, é precisamente isso que fazemos com nosso pensamento. Podemos levar a sério um cordão de pensamentos sobre como a vida não é justa, e então nos perguntarmos por que a vida nunca parece justa. Ou podemos encher a mente com pensamentos sobre nossa lista interminável de coisas a fazer e, simultaneamente, nos perguntarmos por que estamos sempre com pressa, como se não houvesse tempo o bastante. A solução para essa e para outros tipos de frustração é começar a estabelecer a conexão entre nosso pensamento e a maneira como nos sentimos. Quando nos lembramos de que somos o pensador e que são nossos pensamentos sobre a vida que determinam como nos sentimos, temos a capacidade de dar um passo para trás, desacelerar a velocidade da vida e recuperar a perspectiva. Então, podemos observar nossos pensamentos em vez de mergulhar neles, o que nos dá uma nova opção de relacionamento com as circunstâncias e com o ritmo de nossas vidas.

Pode ser difícil recordar que os pensamentos são produto da nossa própria mente. Nós perdemos essa capacidade de vista, ao contrário das outras capacidades que sabemos possuir. É fácil, por exemplo, lembrar-se de que nossas vozes são produto da nossa capacidade de falar. É por isso que é quase impossível ter medo da própria voz. Você pode gritar o quanto quiser, mas não vai conseguir assustar a si mesmo! Você simplesmente está consciente demais de que o som que está ouvindo está sendo criado por você. É interessante notar que bebês se assustam com o próprio choro até o momento em que percebem que é o seu choro que está produzindo o barulho.

Pensar, contudo, é muito diferente. Como pensar acontece automaticamente, é algo muito mais próximo de nós. Como estamos sempre pensando, é fácil esquecer que isso está acontecendo, e torna-se algo invisível. É por isso que os pensamentos se tornam nossa realidade. O resultado é que quando um pensamento surge na nossa cabeça, em vez de dizermos com nossos botões "lá vem mais um", reagimos a ele como se fosse algo externo. Levamos o pensamento seriamente e ficamos preocupados e reativos.

À medida que nosso nível de compreensão se eleva, começamos a perceber cada vez mais cedo o que estamos pensando – e podemos reconhecer cada vez mais os pensamentos negativos e inseguros que entram na nossa mente. Prestando menos atenção a nossa própria negatividade, nossa mente fica limpa e desperta nosso processo de pensamento saudável. À medida que o nosso nível de compreensão se eleva, podemos nos relacionar com nosso pensamento de uma nova maneira notando e observando nossos pensamentos sem nos apegarmos excessivamente ao seu conteúdo. Nosso pensamento se torna cada vez mais visível.

NOSSO PENSAMENTO PODE NOS ENGANAR

Vamos considerar o seguinte exemplo de como o pensamento pode ser compreendido erradamente e como essa falta de compreensão pode afetar você. Suponhamos que o seu carro quebre e você consiga parar no acostamento da estrada. Enquanto olha sob o capô sem nenhuma idéia do que fazer em seguida, você escuta duas pessoas numa camioneta chamando-o enquanto passam. Você não consegue entender direito o que eles estão dizendo, mas imagina que escutou as palavras "que azar, seu otário". Você responde com repulsa e raiva. "O que há com esses imbecis", você pensa. "Tomara que tenham um acidente." Seus pensamentos de bate-pronto fazem com que você fique ainda mais frustrado do que antes e terminam arruinando toda a sua tarde. Horas depois, você continua zangado, muito depois do caminhão de reboque ter levado você para uma garagem. De poucos em poucos minutos você se lembra dos imbecis e, à medida que pensa sobre eles, fica zangado e quer reagir. Quando chega ao trabalho, dá uma resposta atravessada ao patrão, que simplesmente expressou preocupação quando você chegou atrasado.

Aqui está a questão desse exemplo: você entendeu errado os homens na camioneta. Eles na verdade disseram "nós vamos chamar um reboque". Eles não só não estavam curtindo com a sua cara; eles se desviaram quinze minutos para encontrar um telefone!

Infelizmente, todos nós experimentamos esse tipo de engano muitas vezes. Na verdade, de maneira menos dramática, temos experiências similares muitas vezes por dia. Deixamos de reconhecer que estamos penando. Enchemos nossas cabeças com informações, que então interpretamos como realidade em vez de nos lembrarmos que era só pensamento. É sempre o nosso pensamento que nos perturba. Se, nesse exemplo, você houvesse reconhecido que foi o nosso próprio pensamento e não a malícia de dois estranhos, que foi tão perturbadora, você poderia ter deixado de lado os pensamentos e rapidamente colocado o evento para trás.

Um ponto crítico para se ter em mente é que mesmo que os dois homens houvessem realmente gritado "que azar, otário", ainda teriam sido os seus pensamentos sobre o incidente e não o próprio incidente que despertaram sentimentos negativos. Com esse reconhecimento de pensamento, você ainda poderia ter sido capaz de deixar o incidente de lado e seguir em frente com seu dia.

HUMORES

Quando você está de bom humor, a vida parece boa e parece fluir. Você tem objetividade, sabedoria e senso comum. Parece haver tempo o bastante; os seus problemas parecem menos terríveis e mais fáceis de resolver. Caso precise agir, você o faz. Você se sente grato pelos seus relacionamentos e não leva as coisas de uma maneira pessoal. Consegue lidar com as diferenças e apreciar o tempo que passa com aqueles que você ama. A vida parece quase uma dança – você sente gratidão. Há muito pouca luta nos humores mais elevados.

Nos humores inferiores ou negativos, a vida parece séria e difícil. Nunca parece haver tempo o bastante. Você freqüentemente sente-se apressado. Não só esquece de parar e sentir o cheiro das rosas; nem mesmo as vê. Está sempre com pressa, um passo atrás. Começa a levar as coisas na base pessoal e reage à adversidade em vez de responder a ela com objetividade. Você fica tenso e na defensiva; não é possível se divertir num humor negativo, porque a mente se concentra no que é negativo.

Lembre-se, contudo, de que essa descrição de humores é muito geral. Na realidade, todo mundo possui uma experiência diferente dos humores. Para algumas pessoas, um bom humor é simplesmente sentir um senso de alívio dos seus problemas e um humor negativo é sentir-se horrorizado, enquanto para outras pessoas um humor negativo é sentir-se ligeiramente estressado e um bom humor é sentir-se eufórico. O ponto é que nos sentimos melhores nos humores elevados do que nos humores inferiores. Como são suas mudanças de humor?

As mudanças de humor podem ser sutis. Você pode facilmente não percebê-las, perdendo também a maneira como a mudança de humor altera suas percepções. Quantas vezes você deixou seu lar de manhã sorrindo, sentindo-se grato pelo seu trabalho e no meio-dia já estava reclamando, pensando em se demitir? Um dia você está sentindo amor pelo seu cônjuge e no dia seguinte está pensando no divórcio. Ou um dia você adora ser um pai ou mãe e no dia seguinte você deseja nunca ter tido filhos. O que realmente aconteceu numa mudança de humor? Somente a qualidade do nosso pensamento.

Esses contrastes rápidos e completos podem parecer estranhos e até mesmo cômicos, mas nós realmente somos assim. Nos humores mais elevados, a vida parece preciosa. Nos humores inferiores, perdemos nossa objetividade e a vida parece horrível. É importantíssimo lembrar-se de que não são as nossas vidas que mudam tão drasticamente, mas os nossos humores e os sentimentos que os acompanham que formam nossa percepção da vida.

Muito embora não seja possível evitar os humores inferiores – eles fazem parte da condição humana –, você pode aprender a compreendê-los e a não levá-los tão a sério. Os humores são simplesmente flutuações na qualidade do nosso pensamento. Eles são como o clima interior. Os humores inferiores são simplesmente uma lufada de pensamentos negativos. Os mesmos arredores preenchem nosso mundo; eles apenas parecem diferentes numa iluminação e condições diferentes – diferentes pensamentos e percepções. Embora saibamos que os humores estão conectados com nosso pensamento, não sabemos o que causa essas flutuações, mas isso não importa realmente uma vez que saibamos como lidar com elas. Em vez de acreditar que estamos vendo a vida realisticamente, podemos aprender a questionar nosso julgamento quando estamos nos sentindo mal. Em vez de procurar validação para a impressão de como o mundo de repente ficou horrível, podemos reconhecer a mudança de humor e dizer: "Naturalmente estou vendo a vida dessa maneira. Sempre me sinto pessimista quando estou me sentindo por baixo – é só o meu pensamento."

O truque é aprender a sentir gratidão pelos humores elevados e ser gracioso nos humores inferiores. Apesar da tendência comum de analisar nossa vida quando estamos num humor ruim, a melhor opção é simplesmente não fazer nada; apenas reconhecer o humor, não levá-lo muito a sério e deixá-lo passar. Você pode descobrir que isso é exatamente o oposto do que a maioria de nós faz quando está de mau humor. Na maioria das vezes, tentamos pensar para sair deles. Lutamos e usamos a força. Mas não podemos sair pensando de um humor negativo, porque, como vimos, nosso pensamento alimenta nossos sentimentos. Quanto mais pensamos analiticamente durante um humor negativo, pior nos sentimos.

Reagir de maneira exagerada nos humores negativos é compreensível, porque o mau humor é muito desagradável e faz com que nossas vidas pareçam sérias e urgentes. Na verdade, esse senso de urgência é o motivo por que começamos nossas discussões mais sérias enquanto estamos nos sentindo por baixo. Tentamos resolver nossos problemas, descobrir o que está errado conosco e com os outros, tomar decisões importantes – tudo isso quando estamos por baixo e perdemos de vista nossa sabedoria e o bom senso. O simples ato de reconhecer um estado de espírito negativo – saber que estamos vendo a vida de uma maneira distorcida e desconfiar do nosso pensamento nesses estados inferiores – pode nos ajudar a abrir a porta para um funcionamento psicológico saudável. Questões urgentes e problemas sempre parecem menos graves e mais fáceis de resolver quando nosso humor tem uma chance de melhorar.

Quando deixamos de alimentar nossos sentimentos negativos com o pensamento analítico, é um grande auxílio na nossa desaceleração. Começamos a perceber que, se temos um problema legítimo que precisa de atenção, certamente ele ainda vai estar presente quando nosso humor melhorar e nossa sabedoria estiver no controle.

FICAR APRISIONADO NO MOMENTO PRESENTE

Descrevemos a chave para nossa saúde mental como estar presente no momento presente. O obstáculo para experimentar o momento presente é ficar preso no pensamento analítico – remoer os mesmos pensamentos repetidas vezes e não reconhecer o padrão. Ficar preso significa se obcecar com as coisas, ter muita coisa na sua mente e não reconhecer que você está temporariamente de mau humor.

Podemos ficar (e de fato ficamos) presos em praticamente qualquer coisa – a altura do muro dos nossos vizinhos, nossa situação financeira, o olhar azedo que recebemos de um estranho, o comprimento da fila, as expectativas irreais do nosso patrão, os hábitos financeiros do nosso cônjuge e assim por diante. Qualquer coisa, praticamente tudo, é motivo quando ficamos presos.

Uma das idéias mais importantes que temos de compreender para desacelerar a velocidade da vida é essa: o fato de que você está preso no seu pensamento é mais relevante para o modo como você está se sentindo do que os detalhes específicos do que quer que tenha preso à sua mente!

Isso não significa que aquilo que o preocupa não seja, às vezes, importante. Se realmente for, você vai querer fazer alguma coisa para resolver o problema. Os alcoólatras precisam parar de beber; trabalhadores desempregados precisam encontrar empregos. Mães solteiras com cinco filhos precisam descobrir alguma maneira de administrar suas responsabilidades. Os políticos e as autoridades precisam encontrar soluções para os problemas da sociedade. A questão não é se vamos ou não fazer algo sobre nossas preocupações, mas como vamos fazê-lo – se do ponto de vista de um fluxo saudável de pensamento ou de um estado de espírito frenético e perturbado.

Já que pensamentos e sentimentos são uma única coisa, quanto mais preso você está, pior vai sentir-se. Ninguém, de zeladores em lojas de departamentos a CEOs de companhias gigantes, já disse "fico melhor quando estou enrolado do que quando estou calmo e relaxado". O fato é que quando você está se sentindo sobrepujado pelo seu pensamento, não está no seu melhor – nunca. Entre outras coisas, perde a habilidade de ver a situação como um todo. Você imagina o seu problema e suas preocupações como sendo maiores do que realmente são e não vê uma solução viável. Você corre para cima e para baixo, mas realiza muito pouco; acaba perdendo de vista o seu funcionamento psicológico saudável.

Quando fica preso, você está em algum outro lugar que não o momento presente. A sua mente está revisando seu passado, pensando ativamente sobre algo que acabou – seja ele um evento da sua infância ou algo que aconteceu na mesa do café esta manhã. Ou a sua mente está ensaiando algo que pode ou não acontecer no futuro – como vai ser quando seus filhos saírem de casa, o que a sua esposa vai pensar quando você disser a ela que aceitou um emprego em outro estado e assim por diante. Como resultado, você não está aqui, nesse momento, no presente. De modo algum estamos tornando triviais suas preocupações. Em vez disso, estamos sugerindo que é o pensamento que está afastando você do momento presente e do funcionamento psicológico saudável.

BIFURCAÇÕES NA ESTRADA

Em cada momento da vida, você está numa encruzilhada e terá de escolher a direção a tomar. Chamamos a estrada que vai para a esquerda de "Avenida dos Aprisionados". Esta é a rota que você segue quando começa a analisar o que está acontecendo, atribuindo motivos às ações das pessoas, ou imaginando o que elas estão pensando – um modo de processamento doentio. Esta é uma direção familiar, porque a tomamos muitas vezes por dia.

Aqui está um exemplo de uma viagem pela Avenida dos Aprisionados. Sarah acorda segunda de manhã e começa a sua rotina. É um lindo dia lá fora e ela acabou de ter um fim de semana maravilhoso. Ela está antecipando o próximo final de semana, quando vai acampar com alguns amigos. Subitamente, Sarah olha para o relógio e vê que são sete e meia da manhã. Uma série de pensamentos surge na sua cabeça: "Droga, vou ter de me apressar novamente. O tráfego piorou tanto. Detesto segundas-feiras. Deus, tenho tanta coisa a fazer. Oh, não, eu tenho aquele encontro com Joe e esqueci de mandar para ele os planos na semana passada." Isso parece familiar? Deveria, porque é a maneira típica como muitas pessoas começam o seu dia.

Sarah está num estágio inicial de aprisionamento no seu pensamento. Começa de um modo bastante inofensivo e, como parece tão normal, é certamente quase invisível. Sarah não tem idéia de que está ficando aprisionada, e nem se importa. Ela está inconsciente de que ficar aprisionada vai afetar seu senso de bem-estar, sua sabedoria e sua capacidade de resolver os problemas menores que surgiram na sua mente. Para ela, simplesmente parece que a sua vida se tornou demasiadamente complicada e tensa. Nunca lhe ocorreu que o seu pensamento está desempenhando um papel nos seus sentimentos de sobrecarga e estresse, muito menos que ele é a causa. Você pode imaginar como o dia de Sarah vai se desdobrar se ela continuar nessa direção, o que, provavelmente, é precisamente o que ela vai fazer.

Sem reconhecer o que ela está fazendo consigo mesma, Sarah vai simplesmente continuar a pensar do mesmo modo. Vai pensar em coisas adicionais para fazer até que esteja sentindo-se totalmente sobrecarregada. Provavelmente, vai discutir seus sentimentos de sobrecarga com seus amigos no trabalho e vai ensaiar mentalmente muitas das suas futuras responsabilidades profissionais. Vai sentir-se cansada, ressentida, zangada e esgotada, provavelmente antes do meio-dia. Mas, novamente, para ela, "as coisas são desse jeito". É a natureza do seu trabalho; é culpa do trabalho. Ela acredita que, se tivesse um emprego diferente, não iria sentir-se tão estressada.

Contudo, você provavelmente percebe que isso não é verdade. A tendência mental de Sarah de ficar longe do momento presente – de levar seus pensamentos demasiado a sério – é demasiadamente familiar. Muito embora os detalhes sejam diferentes, o processo idêntico se repetiria caso seu emprego fosse atender mesas num restaurante, dirigir uma empresa gigante ou lecionar na escola. Não faz diferença a aparência da vida dela do lado de fora; é como você se relaciona com o seu pensamento que mais importa. Como nos relacionamos com o nosso pensamento é totalmente dependente do nosso nível de compreensão – de como vemos a vida.

Mantenha em mente, também, que nesse exemplo estamos usando uma pessoa cuja vida não é particularmente difícil. Imagine o que aconteceria se Sarah estivesse desempregada, vivendo num abrigo público ou viciada em cocaína. O que aconteceria com ela se seu marido a abandonasse e levasse seus filhos? O mesmo processo aconteceria no seu pensamento, só que as apostas seriam muito mais altas.

Agora, vamos olhar no mesmo cenário, mas com um resultado diferente. Dessa vez, Sarah vê a outra bifurcação da estrada. A estrada que vai para a direita representa o funcionamento psicológico saudável. Vamos chamar essa direção de "Via da Serenidade". Sarah acorda segunda-feira de manhã e começa a sua rotina. É um lindo dia lá fora e ela teve um ótimo final de semana. Ela antecipa prazerosamente o próximo fim de semana, quando ela e alguns amigos vão acampar. Subitamente, Sarah olha para o relógio e vê que são sete e meia da manhã. Uma série de pensamentos surge na sua cabeça: "Droga, vou ter de me apressar novamente. O tráfego piorou tanto. Detesto segundas-feiras. Deus, tenho tanta coisa a fazer. Oh, não, eu tenho aquele encontro com Joe e esqueci de mandar para ele os planos na semana passada."

Desta vez, contudo, Sarah nota o que está acontecendo com o seu pensamento. Seus sentimentos desconfortáveis a avisam que algo estava errado. Ela percebe que está sendo presa. Diz para si mesma: "Puxa, lá vou eu outra vez", enquanto nota a sua mente se deslocando do momento presente e se enchendo de preocupações e ressentimentos.

Sarah pode ver como seria fácil e sedutor seguir suas linhas de pensamentos negativos. Mas também percebe que, por mais tentador que isso possa ser, ficar aprisionada no seu pensamento, e não o tema dessa prisão, é o verdadeiro problema. Ela sabe que seu pensamento de processo doentio é a causa dos seus sentimentos atuais de estresse e que ela ficaria igualmente imobilizada se, em vez de ficar com a mente presa na sua vida apressada, mergulhasse em preocupações sobre como pagar as prestações do carro. Saber que seus sentimentos são seus pensamentos a liberta para responder à vida de uma maneira mais saudável.

Como agora Sarah se reconheceu cedo e voltou para seu pensamento de livre fluxo, ela pôde recuperar sua estrutura emocional rapidamente e navegar rumo a um funcionamento psicológico mais saudável. Ela riu de si mesma por ter caído num hábito familiar. Em vez de deixar a sua mente sair do controle e arruinar o seu dia, ela foi capaz de desacelerar até a velocidade da vida e apreciar o tempo que ainda tinha em casa antes de ir embora para o trabalho.

Sarah está bastante consciente de que se esqueceu de dar os planos para Joe. Contudo, como a sua mente se desacelerou, ela está menos distraída pelos seus pensamentos desesperados, e uma estratégia surge na sua mente sobre a melhor maneira de lidar com o problema. Não finge que não está ocupada e planeja realmente cuidar de cada uma das suas responsabilidades. A sua agenda e uma lista de coisas a fazer ainda estão cheias, contudo, como a sua mente está no momento em vez de concentrada em tantos momentos e preocupações futuras, a lista parece mais fácil de ser administrada. Ela calmamente decide que vai estabelecer cuidadosamente prioridades e fazer uma coisa de cada vez da melhor maneira possível. Ainda mais importante, Sarah vê que nada na sua lista (ou em qualquer lista) é importante o bastante para arruinar a sua vida.

À medida que o nosso nível de compreensão se eleva, começamos a reconhecer o nosso pensamento mais e mais no momento presente. Ocorre com mais freqüência que estamos pensando – no modo de livre fluxo ou de processamento. Reconhecer que estamos pensando possui o efeito de nos libertar dos hábitos mentais que nos impedem de funcionar de uma maneira saudável psicologicamente e que nos mantêm numa pressa constante. Quando você remove ervas daninhas de um belo jardim, o que sobra é pura beleza. Você não precisou acrescentar mais plantas, só tirou o que estava interferindo com a beleza que já estava lá. Do mesmo modo, quando você remove os pensamentos doentios, o que sobra é o funcionamento psicológico saudável. É isso, simplesmente. Quando notamos que nosso pensamento está se distanciando do momento presente, saímos do modo de processamento e entramos no modo de livre fluxo. Nossa saúde mental emerge e começamos a desacelerar até chegar à velocidade da vida.

RESUMO

Quando nos desaceleramos até chegar à velocidade da vida, entramos em contato com um sentimento pacífico que passa a permear todo o nosso ser e modo de vida. Em vez de sentirmos pressa, afobação e frustração constantes, nos sentimos tranqüilos, alegres e curiosos. As coisas ruins continuam acontecendo depois que nos desaceleramos, mas elas nunca parecem tão terríveis como quando estamos nos momentos de profunda aceleração.

A metáfora do jogador de beisebol pode ajudar a ilustrar essa questão. Quando um batedor da liga profissional está "dentro" do jogo, e sente que está "dentro da zona de jogo", a bola lançada parece vir na sua direção em câmera lenta. Mas, na verdade, naturalmente, a bola está voando na sua direção, muitas vezes em velocidade superior a cem milhas por hora! Os fatos não mudam. O que muda é a percepção dele, que por sua vez aumenta a sua confiança na sua habilidade. Para o batedor, a bola parece estar vindo mais devagar e, por isso, acertar a bola parece fácil no modo de livre fluxo.

O mesmo processo acontece na nossa vida cotidiana. À proporção que a mente se desacelera, somos capazes de ver a vida com uma clareza muito maior. Ainda temos muitos dos mesmos problemas para enfrentar, mas eles parecem diferentes. Em vez de parecerem emergências que estão nos sufocando, parecem questões que precisam de resolução ou oportunidades disfarçadas.

Os sentimentos são um mecanismo que tem como função permitir que saibamos quando nossas mentes estão operando num ritmo demasiadamente acelerado e quando é o momento de desacelerar. Assim como um relógio dá o sinal de que o jantar está pronto, um sinalizador interno dispara quando você está pensando de uma maneira que não é saudável. Se você prestar atenção nesses sentimentos e der crédito ao que eles estão tentando dizer, você vai começar a experimentar a paz e a alegria da sua saúde mental. Nunca mais a vida vai parecer uma emergência!

Capítulo 3

Voltando ao momento presente

O presente é o momento,
o passado foi um momento,
o futuro vai ser um novo momento.

Infelizmente, parece que toda vez que a vida aparenta estar indo bem, repetidas vezes encontramos alguma maneira de ficarmos presos no nosso pensamento doentio – correndo demais, nos preocupando com uma conta, nos preocupando com o futuro, se arrependendo do passado, se ressentindo de alguma coisa que aconteceu no trabalho ou simplesmente consumidos pela nossa lista de coisas para fazer amanhã. Existe um número infinito de maneiras de sair do caminho. Contudo, todas elas têm uma coisa em comum: são resultado do nosso próprio pensamento. Quando reconhecemos que estamos pensando, contudo – quando nos lembramos de que *somos* os pensadores responsáveis pelos sentimentos que estamos experimentando –, então temos a capacidade de despertar e voltar suavemente para o momento presente.

Neste capítulo, vamos descrever algumas maneiras de voltar para os trilhos, de modo mais rápido e fácil – quando você sair do caminho ou ficar acelerado. Você pode querer voltar a esses pontos quando achar que está acelerado ou se movendo rápido demais. Quatro chaves simples o ajudam a voltar para o momento presente.

QUATRO MANEIRAS DE VOLTAR AO MOMENTO PRESENTE

1. Escutar.
2. Compreender a sabedoria de não saber.
3. Ter fé no modo de livre fluxo.
4. Colocar seus problemas no bico de gás do fundo.

1. ESCUTAR

Muitos poucos de nós realmente escutam os outros. Em vez disso, enquanto alguém está falando, nós geralmente estamos absorvidos no nosso próprio mundo pessoal de pensamento analítico, na melhor das hipóteses respeitosamente enquanto simplesmente esperamos pela nossa vez de falar. Escutar, contudo – escutar de maneira verdadeira e sincera –, é um dos principais mecanismos para trazer sua atenção de volta para o momento, de volta para o funcionamento psicológico saudável.

A maioria de nós foi doutrinada, através do nosso sistema educacional, para escutar exclusivamente com nosso modo de pensamento analítico e orientado para processo, que consiste em concentração e memorização. Nós mentalmente comparamos aquilo que estamos escutando com o que já nos é familiar – concordando, discordando e processando os dados à medida que eles entram nas nossas mentes. Muito embora esse tipo de escuta possa ser apropriada para alguns aprendizados, existem ocasiões quando essa forma de atenção tende a nos afastar do momento presente.

O tipo de escuta que estamos sugerindo aqui é diferente. É escutar com nada nas nossas mentes – sem interpretação, preconceito, idéia preconcebida, expectativa ou antecipação. Esse tipo de escuta ocorre no modo de pensamento de livre fluxo. Quando estamos escutando dessa maneira, nossos pensamentos fluem gentilmente e temos a capacidade de sermos tocados pela vida à medida que ela é criada em cada momento – um instante após outro.

Quando estamos escutando dessa maneira, podemos facilmente notar quando saímos do caminho, quando saímos do presente.

Considere o que acontece quando você está escutando música puramente pelo prazer. Você não está escutando para criticar a melodia, memorizar a letra ou descobrir em que clave ela está sendo tocada; está simplesmente apreciando a música. Quando escuta música dessa maneira, você *sente* a música e ela o emociona.

Caso esteja ouvindo a mesma música a partir do seu modo de pensamento analítico, você poderá descrever as particularidades da letra, o ritmo, a melodia e assim por diante. Provavelmente, contudo, você não ficará comovido ou emocionado com a música.

Quando atravessamos a vida usando uma "escuta suave", permanecemos despertos no nosso pensamento, ou seja, estamos constantemente despertos do fato de que estamos pensando, assim como do efeito que o nosso pensamento tem sobre nós. Experimentamos plenamente nossos sentimentos e nossas sensações, o que nos permite navegar suavemente através dos humores, das emoções e das circunstâncias da vida.

É útil estar consciente dos tipos de pensamento que nos tiram do momento presente – nos levando para longe do aqui e do agora. São os seguintes *interpretar* e *concordar/discordar.*

1. *Interpretar.* Quando interpretamos o que alguém está dizendo ou algo que estamos observando, estamos filtrando a experiência através da nossa memória. Quando fazemos isso, estamos, num certo sentido, reexperimentando nosso passado em vez de experimentar o momento à proporção que ele surge. Se estamos ocupados interpretando o que estamos ouvindo à medida que escutamos, estaremos determinando o que gostamos e desgostamos baseados inteiramente no modo como isso corresponde à nossa estrutura de crenças existente – aquilo de que já gostamos ou desgostamos e aquilo que já deduzimos ser verdade – em vez daquilo que estamos realmente experimentando. Por exemplo, suponhamos que a sua esposa esteja falando com você sobre um desentendimento que ela teve com a vizinha ao lado. Se você estiver interpretando o que está ouvindo enquanto ela fala, vai tirar conclusões na sua mente mesmo antes dela terminar. Pode pensar: "Já ouvi isso antes" ou "Ela está sempre discutindo com alguém" ou "Essa vizinha é uma pessoa

muito difícil". A sua experiência do momento será contaminada e afetada pelos seus pressupostos e pelas suas memórias do passado. É esse tipo de escuta que leva as pessoas a dizer coisas como "ele nunca presta atenção no que eu digo". Embora você possa estar fisicamente presente, não está escutando de maneira plena ao momento presente. A verdadeira escuta é se abrir a alguma coisa nova sem interpretá-la através da lente do nosso condicionamento passado ou sem ser excessivamente afetado pelos nossos próprios pensamentos sobre o evento. Neste exemplo, seria receber os comentários da sua esposa ou esposo sem seu próprio comentário interior. Você estaria recebendo as palavras dela com amor e respeito – o tipo de escuta que leva alguém a dizer: "Ele realmente sabe escutar."

2. *Concordar/Discordar.* O segundo tipo de escuta que nos afasta do momento presente poderia ser chamado de escuta de concordância/discordância. Quando escutamos alguma coisa enquanto simultaneamente pensamos se concordamos ou discordamos daquilo, limitamos severamente o que podemos aprender. É como se estivéssemos presos dentro das nossas crenças existentes. Você provavelmente já falou com alguém que ofereceu um comentário constante às suas palavras: "Está certo, eu sei. Não, isso não está certo. É. Não. É isso aí. Acho que não." Quase tudo o que você disse passou pelo filtro de concordância ou discordância da outra pessoa. Novamente, nosso pensamento de interpretação e concordância ou discordância está filtrando a conversação presente através de crenças do passado; não estamos realmente prestando atenção.

Se escutarmos com uma mente tranqüila e aberta – mesmo se antes discordássemos do que está sendo dito –, uma nova consciência pode aparecer, trazendo com ela uma perspectiva nova ou ampliada. A verdadeira escuta permite que você mude de opinião. Ela dá oportunidade de você ver algo novo, de uma maneira nova. Ela permite que você diga para os outros ou para si mesmo: "Eu nunca pensei nisso antes." É o tipo de escuta que cria apreciação e curvas de aprendizado elevadas. Ela mantém você no momento presente. Escutar desse modo não custa nada; não há desvantagem. Você sempre tem a escolha de descartar mais tarde o que você escutou.

Escutar, de uma certa maneira, é o reconhecimento de pensamento. Ao escutarmos suavemente, somos capazes de reconhecer a qualidade de nosso pensamento, nossas sensações, nossas emoções e a vida ao nosso redor. A verdadeira escuta é respeitosa e amorosa e nos capacita a voltar aos trilhos e retornar ao momento presente.

2. COMPREENDER A SABEDORIA DE NÃO SABER

Muitas vezes, a resposta para um problema ou dilema não é imediatamente óbvia, e simplesmente *não sabemos* o que fazer em seguida. Como já mencionamos antes, um problema não pode ser resolvido no mesmo nível de pensamento em que ele foi criado; precisamos alterar nosso nível de compreensão. Essa lógica nos recorda que se não sabemos a resposta para um problema específico, reciclar a mesma informação repetidas vezes não vai produzir uma solução. Vai, contudo, manter nossas mentes ocupadas e nos acelerar; vai criar estresse. Todos nós já tivemos a experiência de ficarmos presos em "areia movediça mental", onde nossa luta mental nos puxava cada vez mais para o fundo do pensamento analítico. Este é um exemplo do mau uso do processo de pensamento analítico.

A melhor maneira de resolver um problema que não é imediatamente aparente é usar o processo de pensamento criativo, um fluxo de pensamento que emerge naturalmente à medida que esvaziamos a mente do nosso pensamento analítico. Essa inteligência mais profunda ou pensamento de livre fluxo nos leva a um nível mais alto de compreensão e, geralmente, oferece as respostas de que precisamos. Estar disposto a não saber, ter a humildade de admitir que o nosso pensamento analítico não está nos fornecendo as respostas de que precisamos é o ponto de entrada para o modo de pensamento de livre fluxo. Com o tempo, você começa a acreditar que esse modo de pensamento reflexivo possui a maioria das respostas de que você precisa.

Se pudermos admitir que estamos sem idéias, de que não sabemos, e se pudermos aprender a nos sentirmos confortáveis com essa situação, seremos mais capazes de relaxar em meio à confusão e a passar mais tempo das nossas vidas no momento. Estaremos vivendo na velocidade da vida. Pode parecer irônico, mas manter a calma no meio de uma tempestade se torna possível *só* quando acreditamos que *não* saber muitas vezes é o melhor meio possível de descobrir uma resposta. Forçar respostas, fingir ou convencer a si mesmo de que sabe o que fazer e usar o pensamento habitual mantêm a pessoa acelerada, longe do momento e operando rápido demais. Muitas vezes, um *insight* só ocorre depois que aceitamos completamente que não sabemos o que é melhor. "Um tolo sempre sabe; um sábio nunca sabe."

3. TER FÉ NO MODO DE LIVRE FLUXO

Para que possamos nos desapegar dos nossos pensamentos fervilhantes, devemos saber e acreditar que o modo de livre fluxo é, às vezes, mais poderoso, criativo e eficiente do que nosso pensamento analítico. Isso é particularmente verdadeiro em situações onde não temos uma resposta ou quando não sabemos como lidar com um problema. Mesmo para algo tão mundano quanto lembrar-se de um número de telefone, orientações para chegar em algum lugar, ou nome e endereço de alguém, às vezes devemos "deixar rolar" para que a resposta surja na nossa frente. Quantas vezes você teve a experiência de tentar, sem sucesso, lembrar-se do nome de alguém numa festa, quando, de repente, enquanto você dirigia para casa, ele aparece de algum modo na sua memória? Não foi acidente que você tenha se lembrado de algo quando não era mais importante para você. Nossa memória e o processo de pensamento criativo não funcionam bem sob pressão. À medida que relaxamos e diminuímos o ritmo, nosso pensamento de fluxo livre toma conta da situação sozinho. Não precisamos fazer nada.

Muitos de nós possuem o hábito de ensaiar a própria vida. Repetidas vezes pensamos sobre o que temos de fazer hoje, o que fizemos ontem, o que deve ser feito no futuro. Mantemos nossas mentes ocupadas, aceleradas e preocupadas com uma lista de "devo" e "não devo", de modo a nos prepararmos para o inesperado. Esse hábito nos mantém no nosso modo de pensamento de processamento muito além do que seria saudável; ele nos impede de nos abrirmos para o momento presente porque nossas mentes estão concentradas no passado ou no futuro. Rouba nossa espontaneidade e capacidade de resposta. Alguns de nós acreditam que, se não estivéssemos constantemente processando o que devemos fazer, seríamos ineficientes ou esquecidos. Essa crença é responsável por grande parte do sentimento de aceleração no nosso mundo frenético. Não acreditamos que nos lembraremos de parar e colocar gasolina no carro quando necessário, de pagar a conta telefônica em tempo ou de levar aquele memorando para nosso cliente. No entanto, a verdade é que, quando a mente está relaxada, vivendo na velocidade da vida e confiamos no modo de livre fluxo, descobrimos um fluxo inteligente para nosso pensamento que *sempre* nos informa do que precisamos no momento em que precisamos. Usar o modo de livre fluxo não vai transformar você numa pessoa esquecida e irresponsável. Pelo contrário, ficar mais lento vai torná-lo menos esquecido. Você vai trabalhar e viver de uma maneira mais esperta. A sua memória, inspiração e criatividade se tornarão ainda mais eficientes. Em vez de correr para cima e para baixo, você vai permanecer calmo, visivelmente relaxado.

A fé nesse fluxo de pensamento inteligente se aperfeiçoa com o tempo. Quanto mais acreditamos em nos desapegarmos do nosso pensamento analítico, mais espaço sobra para um fluxo natural e saudável de pensamentos. O pensamento de livre fluxo está sempre presente para nos servir na nossa vida cotidiana – nas tarefas do lar, na carreira, na criação dos filhos e nas responsabilidades sociais. A fé no modo de livre fluxo dá espaço a saber que esse modo de pensamento é a maneira mais natural, alegre e eficiente de viver nossas vidas cotidianas.

REFLEXÃO SILENCIOSA

Na próxima vez em que você não conseguir se lembrar de alguma coisa – o nome de alguém, um fato, uma canção, o que você estava prestes a fazer – lembre-se de

que não ter uma resposta não tem nada a ver com o seu nível de inteligência. Simplesmente aceite que você não sabe neste exato momento, mas que a resposta virá quando não estiver interessado – quando você menos se importar. Veja se você pode descobrir o poder de *não* tentar com tanta intensidade.

---

4. COLOCAR SEUS PROBLEMAS NO BICO DE GÁS DO FUNDO

O desafio é o mais importante. Posso não conseguir a resposta imediatamente. É provável que eu tenha de caminhar um pouco, tomar uma xícara de café, mas, quando voltar, a idéia surgirá.

EMIL VOLLMER,
inventor e engenheiro

Ocasionalmente, ficamos esperando que uma resposta apareça e nada nos ocorre imediatamente ou o que ocorre não parece suficiente. E então? Isso significa que nosso pensamento de livre fluxo não está funcionando? De jeito nenhum. Nesse caso, é útil colocar a questão no bico de gás lá do fundo do fogão.

O bico de gás do fundo da mente funciona do mesmo modo que o de um fogão, lentamente cozinhando uma panela de verduras numa sopa deliciosa. E tudo que você teve de fazer foi colocar cada um dos ingredientes na panela, misturá-los e, então, *deixá-los em paz* para que cozinhem, só acrescentando periodicamente uma pitada disto ou daquilo e mexendo na panela. Uma sopa no bico de gás do fundo precisa ser cozinhada lentamente; caso cozinhemos rápido demais, os sabores não se misturam de maneira apropriada ou, então, queimamos os ingredientes. O bico de gás do fundo requer pouca atenção; podemos cozinhar alguma outra coisa no fogareiro da frente ao mesmo tempo.

Do mesmo modo, podemos resolver problemas com uma facilidade muito maior se alimentarmos o bico de gás do fundo. Tente colocar nele uma panela de problemas, soluções possíveis, fatos e tabelas de tempo dizendo para quando você precisa de uma resposta. Como os ingredientes da sopa, os pensamentos que você coloca nele precisam ser deixados sozinhos para que cozinhem de maneira apropriada enquanto você vive no momento presente da vida cotidiana.

Colocar problemas e decisões desta maneira redunda em duas coisas:

1. Permite desacelerar até chegar ao momento e cuidar do que está acontecendo agora e apreciar nossas vidas.
2. Coloca nossos pensamentos mais criativos e inteligentes para funcionar em questões para as quais não possuímos respostas imediatas.

Por exemplo, Joe conversou recentemente com uma amiga que estava visivelmente presa no seu pensamento analítico sobre o que fazer com um relacionamento em que ela estava envolvida. Ela se perguntava coisas como: "Será que devo vê-lo novamente? Será que devemos fazer mais coisas juntos? Será que meus pais vão gostar dele? O que eu acho dele?" Ela estava se sentindo ansiosa, confusa, pressionada e frustrada. Estava tão preocupada com o seu dilema que deixou de apreciar a companhia dele. Parecia óbvio que o seu pensamento analítico estava entrando no seu caminho; claramente não a estava servindo bem. Ela achava que não conseguia entender o que seu coração estava tentando lhe dizer.

A amiga de Joe precisou dar uma pausa à situação e deixar que repousasse durante algum tempo – colocá-la no bico de gás do fundo até que seus sentimentos ficassem claros. Decidir confiar no seu modo reflexivo de pensamento em vez do processo de pensamento analítico deixou-a aliviada. Dentro de um curto período de tempo, seus sentimentos se tornaram mais claros e ela decidiu continuar com seu relacionamento. Seu processo de tomada de decisão criou pouco ou nenhum estresse para ela. Em vez de tomar uma decisão com pressa e ansiedade, ela foi capaz de esperar até que a resposta estivesse clara.

O bico de gás do fundo *não* é uma desculpa para a negação ou para uma espera. Como um colega nosso disse: "Coloque seus problemas no bico de gás do fundo, mas não desligue o fogo." Em outras palavras, comece com a abertura e o desejo de uma solução. Então, simplesmente desapegue-se de qualquer pensamento sobre o assunto. Saia do caminho! A sua fé no modo de livre fluxo vai preparar a mente para um *insight*. Na próxima vez em que o problema aparecer na sua mente, pode ser de uma maneira ainda mais clara, mas ainda incompleta. Se for esse o caso, coloque-o de volta até que esteja plenamente cozinhado ou realizado. Você vai saber quando a resposta estiver completa. Um sentimento de tranqüilidade e entendimento vai emergir. Permita que a resposta se torne evidente.

Outra maneira de considerar essa idéia é imaginar que o sedimento está baixando num lago, de modo que você possa ver o objeto perdido no fundo. Não há nada a fazer exceto deixar que nossos pensamentos ocupados repousem para que possamos ver a resposta óbvia que espera no fundo da nossa mente.

EM CÂMERA LENTA

Na próxima vez em que você tiver uma preocupação, um problema ou um desafio que não consegue resolver, tente colocá-lo no bico de gás do fundo. Conte a ele qual é a natureza do problema, quando você precisa de uma solução e outras especificações que você pode desejar. Agora, deixe de lado! Não fique verificando a panela a cada cinco minutos. Lembre-se, um abrir do forno para ver o bolo faz com que ele fique solado. Quando a sua resposta chegar, lembre-se do tipo de pensamento que criou a sua resposta – pensamento de livre fluxo, do bico de gás do fundo. Quanto mais você reforçar o gênio deste pensamento de livre fluxo, mais facilmente acreditará na sua capacidade de usá-lo.

ACELERANDO SUA VIDA: AS ARMADILHAS

As pessoas aceleram suas vidas com seu próprio pensamento de três maneiras principais. Pode ser útil listar e descrever rapidamente essas armadilhas, para que você possa evitá-las sempre que possível. Elas são as seguintes:

1. Analisar seus problemas e a sua vida.
2. Julgar a si mesmo toda vez que percebe que está fora do momento presente.
3. Viver no passado.

1. ANALISAR OS SEUS PROBLEMAS E A SUA VIDA

Ficar obcecado, analisando, calculando, resolvendo, imaginando resultados possíveis como se eles estivessem acontecendo: esses são os modos de pensar que manterão você fora do momento e aprisionado no seu pensamento. Quando usamos o modo de pensamento analítico – incorretamente –, queimamos borracha tentando forçar uma solução ou decisão. Esta é a maneira do ego de tentar ficar confortável com o desconhecido.

Existem ocasiões, naturalmente, quando *podemos* descobrir uma solução imediata através da nossa memória ou através do cálculo de informações que já estão à nossa disposição. Como discutimos no Capítulo 1, o modo analítico *não* é o inimigo, é nosso servo para ser usado, quando necessário, quando todas as variáveis são conhecidas. O modo analítico é apropriado de maneira ideal para planejamento, determinação de prazos, cálculo, memorização e recordação de dados. O problema surge quando não queremos admitir que todas essas informações não estão à nossa disposição. Durante essas ocasiões, precisamos nos render ao desconhecido. Esse ato de humilde admissão de que não temos a resposta nos liberta, permitindo a abertura para a inteligência criativa que está dentro de nós.

2. AUTOJULGAMENTO OU "LÁ VOU EU DE NOVO"

No momento do reconhecimento de pensamento – o momento quando percebemos que estamos usando nosso pensamento contra nós mesmos – podemos agir de uma entre duas maneiras. Levar na esportiva (e ficarmos agradecidos) o fato de termos percebido que ficamos presos no nosso pensamento. Ou, então, podemos nos censurar por sermos tão estúpidos. Quando julgamos a nós mesmos por termos adormecido no volante do nosso pensamento, rebaixamos nossos espíritos e caímos ainda mais fundo na memória e no pensamento analítico. Julgar a nós mesmos só torna as coisas piores.

Quando Joe estava começando a aprender os princípios da Psicologia da Mente, ele caiu no hábito de medir o seu progresso. Muitas vezes, sentia-se embaraçado por ainda ficar preso no seu pensamento de vez em quando – como se ele devesse ser perfeito. Em vez de ficar agradecido com o seu progresso, ele ficava frustrado com a sua falta de perfeição.

Faz parte da natureza humana ficar preso no nosso próprio modo de processamento; quando você pega a si mesmo, diz com compaixão e um coração leve: "Lá vou eu de novo." Você está sempre a um passo do pensamento saudável. É menos importante a freqüência com que saímos do caminho da nossa atitude quando voltamos aos trilhos. A auto-aceitação é a rota para voltar lentamente ao momento presente.

3. VIVER NO PASSADO

Quando passamos tempo demais revivendo o passado, nós estamos, por definição, fora do momento presente. O tempo gasto com o arrependimento ou com sentimentos de culpa, embaraço ou ressentimento nos impede de experimentar o presente. Naturalmente, *existem* coisas de que nos arrependemos, que nos dão culpa e que desejaríamos que os outros não houvessem feito, mas passar tempo pensando sobre elas vai aumentar a chance de repetir o erro e a dor associada com erros do passado.

Como profissionais, testemunhamos o aprisionamento de centenas de pessoas inocentes presas numa vida no passado. Essa é a principal causa das doenças mentais e do vício – a incapacidade de ir além do passado. Você certamente pode aprender a partir de erros do passado e ser responsável pelo seu comportamento, mas tente evitar o máximo possível manter sua atenção no passado. Viver mais a sua vida no modo de livre fluxo permite que você seja capaz de seguir adiante – de viver mais e mais no momento presente. Cada momento, então, poderá ser vivido com espírito e compreensão renovada.

RESUMO

Essas armadilhas que nos impedem de viver no momento – analisar, julgar a si mesmo e viver no passado – são hábitos em que caímos de vez em quando. Eles participam tanto da vida normal e cotidiana que a maioria de nós está inconsciente dos tremendos danos que eles nos infligem. É como engolir uma pequena dose de veneno todos os dias – o bastante para nos deixar doente e eventualmente nos matar, mas não o bastante para que possamos ver o motivo por que estamos morrendo. Elas são mais sutis do que, por exemplo, um ataque de ansiedade, que nos lembraria imediatamente de que estamos nos preocupando, analisando e processando em demasia. Essas armadilhas são apenas destrutivas o bastante para nos manter afastados da saúde mental e da vida no momento presente.

Praticando os hábitos *saudáveis* da escuta, estando dispostos a não saber, tendo fé no modo de livre fluxo e colocando os problemas no fogareiro de trás, passaremos uma parte maior do nosso tempo vivendo na velocidade da vida. Viver no momento presente nos ajuda a sair desse louco ritmo e viver nossas vidas guiados pela sabedoria.

Capítulo 4

O estresse e a sua saúde mental inata

Desacelerar até chegar à velocidade da vida permite que vejamos aspectos da vida que estavam anteriormente ocultos no frenesi de uma mente ocupada. Fazer isso nos permite uma abertura para os sentimentos radiantes e cheios de alegria que residem dentro de nós. Descobrimos que por baixo das vicissitudes dos nossos pensamentos existe um caráter espaçoso e pacífico da mente, que é incompreensível para uma mente aprisionada numa mente que opera rápido demais. Quando nossa mente não está correndo até a próxima série de pensamentos, ou se apegando a pensamentos antigos, ganhamos acesso aos sentimentos pacíficos da nossa saúde mental inata.

Existem ocasiões na vida, contudo, que parece irreal ou até mesmo impossível alcançar um estado de espírito pacífico e amoroso. Nesses momentos, pode parecer que o estresse da vida é grande demais e que acelerar é a única resposta.

A meta deste capítulo é compartilhar uma perspectiva sobre o estresse que ajudará você a desacelerar até chegar à velocidade da vida, mesmo durante os períodos de estresse. Você vai ver que estamos falando do estresse de uma maneira que não é convencional. À medida que ganhamos uma compreensão mais profunda do funcionamento psicológico saudável, começamos a ver de onde o estresse realmente surge – do nosso próprio pensamento. Neste capítulo, veremos que o estresse não é algo que pegamos do ambiente ou de outras pessoas; pelo contrário, é algo que criamos, de modo bastante inocente, ao não reconhecermos o pensamento que o está criando. Não estamos afirmando que a vida não produz situações que percebemos como estressantes, tais como uma doença, prazos finais, a hora do *rush* no tráfego, os problemas financeiros. O que estamos dizendo é que o grau de estresse que experimentamos e o estresse real se originam dentro da nossa própria percepção da vida, o que por sua vez surge do modo como estamos pensando no momento. Ao reconhecermos nosso pensamento e navegarmos na direção de um processo de pensamento saudável, podemos começar a ver não só como administrar o estresse, como também chegar a preveni-lo em nossas vidas ocasionalmente frenéticas. Essa perspectiva pode ser alcançada compreendendo as sete etapas essenciais para a redução do estresse na sua vida.

SETE ETAPAS ESSENCIAIS PARA A REDUÇÃO DO ESTRESSE

1. Saber que a paz interior é possível mesmo no meio de situações estressantes.
2. Ter a humildade de admitir que "conseguir o que você quer" não é a resposta final.
3. Aprender a não entrar de cabeça ou lutar com problemas.
4. Compreender que o estresse se origina do seu pensamento; não ficar preso.
5. Aprender a não permitir que pensamentos passageiros se transformem em ataques de pensamento.
6. Evitar a tentação de ficar preso nos detalhes.
7. Baixar a sua tolerância ao estresse.

1. SABER QUE A PAZ INTERIOR É POSSÍVEL MESMO NO MEIO DE SITUAÇÕES ESTRESSANTES

Nossas experiências na vida se desdobram dentro do fluxo da mudança. Nossas realizações, nossos momentos de glória, nossos problemas e nossas dificuldades chegam e vão embora. O mesmo é verdade quanto aos nossos pensamentos. Cada pensamento que já tivemos – cada neurônio que já foi formado – teve um início, um meio e um fim. Só uma experiência em toda a nossa vida está sempre presente, muito embora não seja sempre experimentada: nossa saúde mental inata, que está por baixo desses pensamentos e dessas experiências mutáveis. Muito embora seja sedutor (e habitual para a maioria de nós) superpor pensamentos amedrontados, negativos, apressados e inseguros sobre nossa saúde mental, ela está sempre potencialmente presente.

Todos nós experimentamos o estresse à medida que vivemos, mas a nossa experiência do estresse varia muito, já que ele depende do nosso pensamento a cada momento. Algo que parece altamente estressante para uma pessoa é uma aventura deliciosa para outra; só o pensamento varia. Um fator estressante é qualquer coisa externa à pessoa que possa ser percebida como estressante. Nosso colega George Pransky conta a história bem-humorada de como certa vez ele vendeu camisetas a duzentos dólares cada, que ele garantia que "preveniriam 100% de todo estresse, exceto aquele que se originasse da mente da pessoa vestindo a camisa, ou o seu dinheiro de volta". Ele estava bastante confiante de que não teria de reembolsar ninguém. Toda experiência de estresse resulta do pensamento. Assim, é potencialmente evitável.

A esperança é uma força poderosa. Quando você percebe dentro do seu coração que é possível sentir paz, apesar de não estar experimentando-a no presente, a esperança mantém a porta aberta, oferecendo uma janela de oportunidades para desacelerar até a velocidade da vida e ganhar acesso ao funcionamento psicológico saudável.

2. TER A HUMILDADE DE ADMITIR QUE "CONSEGUIR O QUE VOCÊ QUER" NÃO É A RESPOSTA FINAL

É importante compreender a diferença entre o que a maioria das pessoas considera felicidade e o que é o verdadeiro e duradouro contentamento. A maioria das pessoas relaciona a felicidade com conseguir o que elas querem. Esse tipo de felicidade é superficial e temporário. Ficamos felizes quando conseguimos o que queremos e arrasados quando não conseguimos. Passamos a vida toda tentando desesperadamente conseguir o que mais queremos e tentando igualmente evitar conseguir o que não queremos. A vida se torna um tipo de jogo de pingue-pongue que jogamos com nós mesmos – perseguir o que queremos e fugir do que não queremos. Para cima, para baixo, para os lados e por toda a parte, perseguindo, sempre perseguindo.

De algum modo sabemos que nossos esforços para controlar o que é intrinsecamente incontrolável não podem nos dar a felicidade que buscamos. No entanto, continuamos tentando. Preenchemos nossas mentes com pensamentos e idéias do que poderia nos deixar felizes. Convencemos a nós mesmos que seríamos felizes se nosso cônjuge nos tratasse de maneira diferente. Seríamos felizes se nossas contas estivessem pagas ou se recebêssemos mais dinheiro; certamente, ficaríamos mais contentes se nosso filho tivesse notas melhores ou se as ervas daninhas não crescessem tão rapidamente no quintal ou se simplesmente tivéssemos mais tempo. A lista continua indefinidamente. E cada vez que um desejo é realizado, o substituímos com outro, sempre acreditando que se o próximo desejo for realizado, nós o substituiremos por outro, sempre acreditando que se o próximo se realizar, nós sentiremos a paz que estamos buscando. Cada um de nós possui sua própria lista de condições, que deve ser satisfeita antes que possamos nos permitir sermos felizes.

Existe um vínculo direto entre nossa lista de desejos e nossos sentimentos de estresse. Quanto mais queremos algo que não podemos ter – ou quanto mais temos algo que não queremos – maior o nosso sentimento de estresse. Se, por exemplo, você acha que precisa do dobro da renda que recebe atualmente para sentir-se mais seguro, você vai ficar estressado toda vez que a discrepância entre o que você tem e o que você quer vier à sua mente. Quanto mais desesperadamente você quiser a renda extra, mais estressado você vai sentir-se. Ou você pode ficar estressado porque acha que não tem tempo o bastante para fazer tudo o que está na sua lista. "Se eu tivesse mais tempo", pensa consigo mesmo, "eu não ficaria tão estressado." Quanto mais você pensa sobre como tem pouco tempo, mais convencido você fica do estresse intrínseco da sua vida.

Nesses exemplos, e em tantos outros, uma estratégia típica é se apegar à esperança de que conseguir o que você quer vai resolver seus problemas e deixá-lo feliz. Por exemplo, você pode esperar um aumento; quando ele não acontece, você se sente derrotado. Ou pode ficar até tarde no escritório, tentando fazer seu trabalho atrasado, só para perceber que é praticamente impossível deixar as coisas em dia – sempre há muito mais para fazer do que o tempo disponível. Ou, então, você encontra uma pessoa nova e imediatamente acredita que "é essa", e depois fica arrasado(a) quando descobre que essa pessoa é demasiadamente humana. Você estabelece uma condição na sua mente que deve ser satisfeita para que possa ser feliz e usa essa mesma condição como munição contra si mesmo quando não consegue realizá-la.

Infelizmente, mesmo quando nossos sonhos se realizam, a paz que você sente é curta. O mesmo estado de espírito que criou as condições em primeiro lugar vai rapidamente se repetir. Caso consiga ganhar mais dinheiro, vai rapidamente encontrar uma maneira de gastá-lo. Logo vai precisar ainda de mais dinheiro. Ou, então, vai acrescentar duas horas de trabalho adicional ao seu dia já longo. Vai descobrir que, apesar do seu esforço extra, ainda está atrasado, porque simplesmente enche o tempo extra com mais coisas para fazer. E, ainda, se a pessoa que conheceu acabar sendo realmente "a pessoa certa", você vai eventualmente ficar preocupado com a possibilidade daquela pessoa decepcioná-lo. Sem consciência de como nossos pensamentos podem nos enganar, a mente sempre vai descobrir um modo de encobrir sentimentos positivos com o desejo de que a vida fosse diferente do que é.

Para que você possa sentir menos estresse na sua vida, precisa perceber que conseguir o que quer não é a resposta suprema. Em vez disso, a única resposta é experimentar um pensamento que permita que você se sinta tranqüilo, conseguindo ou não o que precisa.

3. APRENDER A NÃO ENTRAR DE CABEÇA OU LUTAR COM PROBLEMAS

Existem duas maneiras essenciais de abordar o estresse na sua vida. A primeira, que é a mais comum, é encarar diretamente as suas fontes percebidas de estresse. Isso significa que você tenta eliminar as fontes de estresse em cada caso particular. Se, por exemplo, você achar que seu casamento não é tão saudável quanto poderia ser, a sua estratégia é pensar sobre o assunto e tentar melhorar a situação. Você pode visitar um conselheiro matrimonial, ler livros sobre casamentos com problemas ou participar de um *workshop* de fim de semana que trate de relacionamentos negativos. Você analisa o relacionamento, tentando compreendê-lo; pensa no problema, numa tentativa de chegar a uma solução satisfatória. Os seus pensamentos podem incluir idéias, como: "Se ao menos o meu marido me escutasse, eu seria mais feliz" ou "Ela não está realmente interessada no que eu quero". Você pode chegar a conclusões, como: "Ele nunca me amou de verdade" ou "Eu acho que quero o divórcio". Quando você tenta enfrentar o estresse dessa maneira, fica envolvido no pensamento analítico e acelera em vez de desacelerar a velocidade da vida.

A desvantagem desse método direto de lidar com o estresse é que a próxima estratégia valida e exacerba o problema. A cada livro que lemos e a cada conselheiro com que falamos, a crença de que estamos numa situação estressante é reforçada e validada. Quanto mais pensamos sobre o problema ou tentamos mudá-lo, pior ele parece, pelo simples motivo de que estamos validando a noção de que o estresse existe fora de nós. Nosso pensamento nos mantém afastados do momento presente, concentrados ou no futuro, quando acreditamos que o problema será resolvido, ou no passado, revisando mentalmente os fatos que acreditamos serem as causas do estresse.

Se não compreendermos onde o estresse realmente se origina (no nosso pensamento), teremos de procurar maneiras de alterar essa fonte ou um meio de lidar com a situação. Em ambos os casos, estamos enfrentando uma batalha interminável, com pouca chance de vitória permanente. Se não podemos alterar nossas condições, podemos continuar a usá-las como uma desculpa para nossas vidas estressadas. Se pudermos de alguma maneira alterar nossas condições, só podemos validar a crença errônea de que mudar essas condições leva à felicidade. Então, na próxima vez em que acontecer algo que não for do nosso agrado, pensaremos mais uma vez que temos de mudar a situação. O ciclo é infinito – e vicioso.

A verdade é que no momento em que definimos o estresse como vindo de qualquer outra parte que não de nós mesmos, nos preparamos para experimentá-lo – e certamente é tarde demais para evitá-lo. Toda vez que descrevemos o estresse como estando presente, validamos a sua existência. Então, precisamos encontrar maneiras de lidar com ele, manipulá-lo ou para usar um termo popular nos dias de hoje, "administrá-lo".

Qualquer solução eficaz para o estresse deve abordar a causa subjacente e não detalhes nos nossos problemas. A solução deve nos levar de volta ao funcionamento psicológico saudável, ao momento presente e não nos afastar dele.

4. COMPREENDER QUE O ESTRESSE SE ORIGINA DO SEU PENSAMENTO; NÃO FICAR PRESO

O estresse não é algo que acontece conosco, mas sim algo que se desenvolve dentro do nosso próprio pensamento. De dentro para fora, decidimos o que é estressante e o que não é. Os eventos não são estressantes em si; eles são o que fazemos deles. Por exemplo, *bungee jumping* pode ser uma emoção excitante para uma pessoa e a causa de um colapso nervoso para outra. Investir no mercado de ações pode parecer sábio para uma pessoa e tolo para outra. Trabalhar no atendimento telefônico a suicidas pode parecer nobre para um conselheiro e criar grande ansiedade para outro profissional igualmente qualificado.

Nós vimos no Capítulo 2 que o fato de você estar preso no seu pensamento é mais relevante para o modo como você está se sentindo do que os detalhes específicos do que está prendendo você. Essa compreensão é sempre verdadeira, mas é particularmente relevante para o estudo do estresse. A maioria de nós é especialista em ficar preso no próprio pensamento, particularmente quando achamos que algo é estressante. Você pode, por exemplo, achar que é importantíssimo que a sua casa esteja perfeitamente limpa antes que seus convidados cheguem para o fim de semana. Quando isso não acontece, você começa a pensar como esta situação a deixa infeliz. Pensamentos como "minha casa nunca está limpa" e "o que os meus convidados vão pensar?" começam a encher sua mente. Se você não está consciente do que está acontecendo, esses pensamentos vão se multiplicar até que você tenha um ataque de pensamentos dos grandes. Se você puder recuar para olhar a situação e permitir que seu pensamento se desacelere, vai ser capaz de ver que seus pensamentos estão exagerando a situação além da devida proporção. Em vez de aceitar o momento como ele é, você luta, querendo que as coisas fossem diferentes. A sua mente diz que você ficaria mais feliz se a sua casa estivesse limpa.

"Mas a minha casa está uma bagunça", você poderia responder, e pode ter razão. Porém, se ficar calma, vai saber o que fazer. Pode lembrar-se do exemplo do Capítulo 2, no qual Richard precisava levar sua filha para a escola antes de um encontro importante. Apesar da urgência aparente, a melhor solução foi permanecer no momento presente, sem permitir que sua mente perdesse o controle. A mesma compreensão também se aplica a este caso. Quando você aborda a situação de maneira mais calma, pode parecer que não estão acontecendo coisas tão sérias. No entanto, você vai notar, depois de um exame mais cuidadoso, que o nível perfeito de atividade está tendo lugar. Você pode escolher limpar a casa ou não. Quando a sua mente está no momento presente e você está se movendo na velocidade da vida em vez de se lembrar como a situação é terrível e correr desesperadamente para decidir o que fazer em seguida, você responde com atos apropriados e eficientes. Em vez de sentir-se sobrecarregado e frustrado, você simplesmente lida com a situação na maneira mais apropriada. Você faz o que está diante de você e segue adiante com o seu dia.

Uma história sobre viver no momento presente

Há alguns anos, tivemos a oportunidade de escutar um palestrante eloqüente falar sobre a questão de estar apressado. Durante o período de perguntas e respostas, um membro da audiência de aparência nervosa e aflita fez uma pergunta sobre a agenda do palestrante: "Puxa vida, o senhor é muito ocupado. Já deu palestras em mais de cinqüenta cidades durante os dois últimos meses. É quase uma cidade por dia! Andou por todo o país. Como consegue fazer isso? Não fica exausto? A sua agenda me deixaria louco!" Havia um senso de pânico na voz do sujeito; claramente, essa agenda o deixaria louco.

Numa voz sincera que acalmou toda a audiência, o palestrante respondeu de maneira muito tranqüila: "Simplesmente faço uma coisa de cada vez. Em vez de olhar para a minha agenda e entrar em pânico porque vou para Nova York amanhã e para Cleveland depois de amanhã, simplesmente faço o que está diante de mim. Eu acordo, tomo o café da manhã, falo para os auditórios, entro nos táxis, que me levam a aeroportos e assim por diante. Uma coisa depois da outra, depois da outra, depois da outra." O palestrante estava falando, nas suas próprias palavras, da velocidade da vida, que torna a vida não só administrável como de fato pacífica. Mais do que as suas palavras, o seu comportamento calmo convenceu a audiência de que a vida realmente não é nada além de uma série de momentos presentes – um depois do outro – a serem experimentados. Uma agenda se torna uma emergência só quando cresce além de todas as proporções – quando você a analisa e fica calculando quantos encontros a mais você terá hoje e como vai dormir pouco esta noite e assim por diante. Quanto mais você pensa sobre o que está fazendo em vez de simplesmente fazer, mais urgente parece a sua agenda.

Nós vimos que não importa o que está prendendo você. Do ponto de vista do estresse, ficar preso é o problema, embora a maioria das pessoas acredite que sim e argumente que os detalhes são os culpados. Na verdade, a dinâmica do estresse é a mesma, quer você esteja lidando com uma agenda frenética, uma falência pessoal, um divórcio ou até mesmo algo trivial como a altura da cerca do vizinho. Sempre que você permite que a sua mente se concentre em alguma coisa que você não quer ou em alguma coisa que você acha que deveria ser diferente, vai experimentar o vínculo estressante entre o modo como você pensa e o modo como se sente. Lembre-se, o seu pensamento e seus sentimentos são uma coisa só.

Você pode imaginar o que teria acontecido se o palestrante do exemplo acima houvesse ficado aflito com sua agenda frenética e reclamado com a sua platéia e com seus amigos? Em vez de ser um exemplo de paz interior, estaria em frangalhos!

Em graus diferentes, todos nós ficamos em frangalhos muitas vezes por dia. Sempre que ficamos presos nos nossos pensamentos, estamos construindo os fundamentos do estresse. Quanto mais aprisionados nos tornamos, mais estressados ficamos. Uma vez que você tenha compreendido a dinâmica que cria o estresse em vez de tentar eliminar as suas fontes, você estará se encaminhando para uma vida mais calma e pacífica. A verdade é que o estresse não existe, a não ser no seu próprio pensamento. Seus pensamentos estressantes não são mais reais do que seus pensamentos não estressantes; eles são apenas pensamentos. O estresse é simplesmente a sua percepção de uma situação e não a própria situação. Quando você redefine o estresse dessa maneira – como algo que você pode controlar – é possível manter um sentimento positivo mesmo quando as circunstâncias não parecem confirmar o seu otimismo.

CONSIDERE A POSSIBILIDADE

Imagine como seria diferente a sua experiência do tempo se você fosse viver de momento a momento, do mesmo modo que o palestrante faz no exemplo acima.

Crie na sua mente um cenário possivelmente estressante lidando com muitas coisas que você teria de fazer – se preparar para o trabalho, aprontar as crianças, limpar a sua casa, pagar as contas, chamar o administrador do imóvel para pedir um conserto, trabalhar, jogar futebol, ajudar um amigo, responder aos telefonemas e assim por diante.

Agora, em vez de sentir-se sobrecarregado, pense como esses eventos pareceriam diferentes se você esquecesse quantas coisas estão na lista e simplesmente fizesse uma coisa de cada vez. Imagine que está se preparando sem pensar sobre qual é a próxima coisa da lista. Então, imagine ainda que está preparando as crianças sem encher a sua mente com a quantidade de coisas que você tem de fazer depois dessa tarefa. E assim por toda a lista, uma coisa de cada vez, sem a distração da sua mente analítica.

Se você abordasse a sua agenda dessa maneira, sentiria muito mais prazer nesses eventos cotidianos do que acharia possível. Também descobriria que uma agenda abordada desse modo é muito menos pesada.

5. APRENDER A NÃO PERMITIR QUE PENSAMENTOS PASSAGEIROS SE TRANSFORMEM EM ATAQUES DE PENSAMENTO

Um único pensamento passageiro raramente diminui o nosso humor ou cria estresse. O problema é que esses pensamentos individuais inofensivos podem facilmente se multiplicar em ataques de pensamento se permitirmos. Nosso pensamento faz com o estresse o que a água e a luz do sol fazem com nossos jardins: quando nos detemos num pensamento, o objeto da nossa atenção cresce nas nossas mentes. Então, com pouca consciência da nossa parte, nossos sentimentos de descontentamento subitamente parecem justificados e reais. Podemos transformar um pequeno incômodo numa imensa fonte de estresse se pensarmos o bastante sobre ele. É por isso que tantas pessoas se incomodam com coisas pequeninas. Exagerar o tamanho dos acontecimentos pode ser um hábito mortal.

Tudo começa com um pensamento. "Kay não devia ter dito aquilo para mim." Agora que o pensamento entrou na nossa mente, você pode fazer duas coisas. Pode desconsiderá-lo como um pensamento passageiro ou pode se concentrar nele e fazê-lo crescer. Se você desconsiderar o pensamento, tudo acaba, e você parte para o próximo pensamento. Nesse ponto, você pode calmamente decidir se os comentários de Kay são relevantes e dignos de discussão com ela ou se é melhor ignorar a questão. Ao reconhecer que é um pensamento, você continua operando na velocidade da vida, uma coisa de cada vez. Nesse estado de espírito mais pacífico, a sua sabedoria o ajudará a decidir que atitude tomar, se for o caso de realmente agir.

Porém, se você se concentrar no pensamento, ele vai começar a crescer e você vai sentir os efeitos estressantes. "Kay não devia ter dito aquilo para mim... e ela tem uma voz tão irritante... e além disso ela é passiva-agressiva!" Você começa a catalogar as qualidades irritantes de Kay e se lembra das ocasiões em que ela não foi uma amiga muito boa. E assim por diante. Uma vez que você ganhe impulso, é difícil de controlar um ataque de pensamento.

Agora que você está envolvido num ataque de pensamento total, começa a sentir-se um pouco zangado e estressado. Em vez de viver no presente, seus pensamentos o impelem de volta a todas as ocasiões do passado em que Kay foi menos que perfeita e para o futuro, antecipando suas transgressões futuras.

Por mais simples – e ridículo – que isso pareça, essa dinâmica é executada constantemente. Todos nós já ouvimos a história clássica de como deixar de levantar ou abaixar o assento do vaso sanitário pode arruinar um casamento. Na realidade, naturalmente, o assento não tem nada a ver com isso. É a nossa análise da situação que cria o incômodo que sentimos. O pensamento "me pergunto por que meu parceiro/parceira não consegue se lembrar de fazer essa coisa simples" leva a uma série de pensamentos disparados, tais como "ele sempre faz coisas que me irritam", "não posso acreditar em todas as coisas que suportei". Nós vamos aumentando a situação, nosso pensamento acelera e deixamos para trás a velocidade da vida.

Esses padrões de pensamento ocorrem de maneira habitual e automática e, na maioria das vezes, nem percebemos que estamos caindo neles. Se tivéssemos notado nossos pensamentos antes de seguir essa linha de pensamento, a qualidade do pensamento mudaria. Poderíamos, então, deixar de lado o pensamento como meramente um pensamento – e não uma emergência – e continuar na velocidade da vida.

6. EVITAR A TENTAÇÃO DE FICAR PRESO NOS DETALHES

Os detalhes dos nossos pensamentos alimentam nossa atenção e, muitas vezes, fortalecem nosso sentimento de estresse. Se você está de mau humor e teve o pensamento "não gosto do meu vizinho", você pode deixar o pensamento de lado, guardá-lo até que se sinta melhor ou alimentá-lo com detalhes. Você pode pensar em por que não gosta do seu vizinho, em todas as coisas que ele faz para incomodar você, em como você estaria melhor com outros vizinhos etc. Aqui, como costuma ser verdade, os detalhes dos seus pensamentos vão se acumular, aumentando sua sensação de estresse. Quanto mais específico você ficar, pior você ficará, à medida que o ritmo de sua vida for acelerando. Seja qual for a situação, quanto mais usamos o pensamento analítico para abordá-la, mais provavelmente ela descerá numa espiral até a infelicidade.

A melhor situação aqui, naturalmente, é observar o seu pensamento. Quando isso acontece, a sua mente fica limpa, movendo-se no pensamento de fluxo, liberando gentilmente todos os pensamentos relativos ao seu vizinho. Deixe-o ir. Você sempre pode voltar ao assunto mais tarde, se necessário.

Pensar sobre por que nos sentimos estressados – a maneira precisa e exata como alguma coisa nos incomoda – geralmente nos desanima, aumenta a experiência de estresse e torna nossos problemas ainda mais terríveis. Essa dinâmica interna pode, e muitas vezes o faz, transformar um simples sentimento de estresse numa grande crise, como podemos ver no exemplo abaixo.

Suponhamos que, fora da loja, um cliente irritado grita para você retirar o seu carro. Mais tarde naquele dia, você conta ao seu cônjuge sobre o incidente e entra nos detalhes – o som da voz da pessoa, a aparência como você ficou zangado(a) e assim por diante. Quando a sua história vai ficando mais específica, você volta a experimentar os sentimentos que teve no estacionamento, só que agora eles estão muito piores. Aqui está você, tomando um ótimo copo de vinho com seu marido ou esposa e, no entanto, arruinando sua noite por causa de um incidente que já acabou. Na verdade, o problema está agora no seu pensamento. Mas é difícil parar. Como você ficou preso nos detalhes, agora parece importantíssimo continuar pensando sobre o assunto e discutindo o incidente.

A verdade é que a pessoa que gritou com você não tem nada a ver com o modo como você está se sentindo agora. É verdade que ela pode ter agido de maneira imprópria, mas todo o incidente durou só um segundo ou dois. Agora, horas depois, é só o seu pensamento que o mantém vivo. É a sua percepção dos detalhes, a sua especulação sobre o tipo de pessoa que faria uma coisa dessas e que motivos ocultos ela poderia ter e todo o resto dos seus pensamentos negativos que se combinaram para criar uma desagradável sensação de estresse. Na ausência desse pensamento, você simplesmente estaria apreciando o momento. Em vez de perpetuar a sensação de ser uma vítima, você estaria apreciando a companhia do seu cônjuge.

Curiosamente, viver na velocidade da vida não significa que os pensamentos do incidente no estacionamento não passariam pela sua cabeça. É mais provável que passassem. A diferença seria que, quando a sua atenção chegasse no momento, uma seqüência de pensamentos entraria na sua mente, mas você não se sentiria compelido a segui-la. Você notaria todo tipo de pensamentos estressantes entrando na sua consciência, mas não lhes daria tão rapidamente sua atenção total. Em vez disso, diria consigo mesmo: "Ah, mais um." Em vez de reagir ao seu pensamento, você manteria uma perspectiva saudável reconhecendo o pensamento e lembrando-se de que era um pensador. Lembre-se de que seus pensamentos não têm o poder de feri-lo, a menos que você os leve a sério. Eles não possuem vida própria. Os pensamentos são só pensamentos. O que fazemos com eles e o modo como somos afetados por eles dependem do nosso nível de compreensão. Quanto mais alto for o seu nível de compreensão, mais você perceberá que os pensamentos são só pensamentos.

CONSIDERE A POSSIBILIDADE

Você pode imaginar como a sua vida seria diferente se, em vez de permitir que seus pensamentos se multiplicassem e entrassem numa espiral descontrolada, você pudesse simplesmente notá-los e se desapegar deles? Seus sentimentos de urgência desapareceriam e você poderia começar a se acalmar. Lembre-se de que os seus pensamentos são só pensamentos. Eles não podem feri-lo, assustá-lo ou vencê-lo sem a sua permissão.

---

7. BAIXAR A SUA TOLERÂNCIA AO ESTRESSE

A suprema solução para o estresse é baixar nossa tolerância a ele, reconhecendo-o antes que ele se torne um grande problema. Uma vez que tenhamos reconhecido o pensamento, ele entra num modo mais reflexivo, nos permitindo ter uma visão mais límpida. Isto é exatamente o oposto do que aprendemos e nos levaram a acreditar que desenvolver nossa tolerância ao estresse, para que pudéssemos lidar com cada vez mais coisas, é um sinal de força. Infelizmente, a equação é tal que nosso nível corrente de estresse interno é sempre igual ao nosso nível atual de tolerância. Assim, se você pode lidar com algum estresse, de que adianta? Você sempre vai sentir algum estresse.

O estresse é um sinal de que entramos num processo de pensamento doentio – o pensamento analítico quando a situação é imprópria, por exemplo. Ver o estresse como um sinal pode nos despertar para o fato de que estamos pensando e assim pode mudar nosso modo de pensamento. O estresse é como uma luz de aviso que dispara no nosso carro, avisando que o motor está quente demais. Sem ele, vamos danificar o motor, que é a nossa saúde mental.

Ajuda a pensar em diminuir nossa tolerância ao estresse em termos de uma seqüência de um a dez. Digamos que o nível dez representa o mais elevado nível de tolerância. Uma pessoa nessa extremidade da escala não vai prestar atenção aos seus sentimentos de estresse até que seja tarde demais. Um ataque cardíaco, um derrame ou alguma outra grave emergência médica vai finalmente despertá-la para o fato de que seu nível de estresse estava elevado demais. Se essa pessoa aprendeu a elevar ainda mais sua tolerância, sua habilidade em evitar seus verdadeiros sentimentos vai acabar literalmente matando-a.

Uma pessoa no nível sete, por outro lado, vai cair em si e perceber seu estresse antes nesse processo – muito antes de um ataque cardíaco, mas ainda tarde demais para evitar uma grande dose de estresse. Ele pode notar que a vida o sobrecarrega só depois da sua esposa tê-lo deixado por negligenciar seu casamento e a família ou pode acordar numa manhã qualquer num centro de recuperação de alcoólatras.

Passando para a outra extremidade da faixa, as pessoas vão notando seus sinais de estresse cada vez mais cedo. Uma pessoa do nível três pode perceber que ela está agindo de maneira implicante com seu cônjuge ou com alguém do trabalho. Uma pessoa no nível dois pode notar que ela está ficando presa em alguma coisa que disse naquele dia e assim por diante. A meta suprema é ser capaz de notar o seu pensamento logo cedo, antes de se permitir que o estresse fuja do controle. Isso vai criar a alteração que você estava procurando. Caso esteja num estado de mente muito estressado, a melhor estratégia é rever os passos resumidos no Capítulo 3, "Voltando ao momento presente".

Lembre-se, o truque para desacelerar até chegar à velocidade da vida é simplesmente notar e reconhecer o seu pensamento. Quando o fazemos, automaticamente entramos num modo de pensamento mais saudável e tranqüilo – o modo de livre fluxo.

Cobrimos os sete passos essenciais para a redução do estresse na nossa vida. Vamos resumi-los rapidamente:

1. Saber que a paz interior é possível. Viver na velocidade da vida é sempre uma possibilidade. Mesmo quando nos sentimos estressados ou como se as nossas vidas estivessem fora

de controle num dado momento, nós podemos saber que é *possível* sentir-se melhor e mais calmo, mesmo no meio do caos. A saúde mental e a tranqüilidade interior estão sempre próximas. Mesmo um momento de reconhecimento de pensamento pode nos levar de volta para a tranqüilidade.

2. Admitir que conseguir o que você quer não é a resposta final. Todos nós queremos coisas que não podemos ter. Sempre existe a tendência de acreditar que se pudéssemos ter tudo que desejamos nossa vida ficaria ótima. Se isso fosse verdade, contudo, todos nós seríamos visões da paz nesse exato momento. Todos nós tivemos muitos desejos realizados, mas continuamos a lutar. Um dos passos mais importantes para reduzir o estresse na nossa vida é admitir que conseguir o que você quer é agradável, mas *não é* a resposta final. Uma solução mais poderosa e duradoura é aprender a encontrar a paz em meio a um mundo acelerado, mesmo quando você não pode ter o que quer.
3. Aprender a não mergulhar de cabeça ou lutar com problemas. Por mais tentador que isso possa parecer, lutar com nossos problemas raramente os resolve. Na verdade, a própria luta mental cria nossos sentimentos de estresse e fica no caminho do acesso à nossa sabedoria. Encarar diretamente nossos problemas geralmente acelera nosso pensamento e dá validade à nossa crença errônea de que o estresse está vindo de fora de nós. Aprender a encontrar o modo de livre fluxo é uma maneira poderosa e produtiva de lidar com nossos problemas.
4. Compreender que o estresse se origina do nosso pensamento. Não fique preso. Como dissemos muitas vezes, ficar preso no seu pensamento é mais relevante para o estresse do que aquilo que está prendendo você. Aprendendo a notar quando você está preso, é possível deixar para trás seus pensamentos estressantes e desacelerar até chegar à velocidade da vida.
5. Aprender a não permitir que pensamentos passageiros se transformem em ataques de pensamento. Um único pensamento não pode magoá-lo ou levar o estresse à sua vida. O

estresse é o resultado de levar os pensamentos ao coração – de levá-los muito a sério. Quando você aprende a deixar de lado seus pensamentos acelerados e estressados em vez de permitir que eles se tornem ataques de pensamento, você vai reduzir muito o estresse na sua própria vida.

6. Evitar a tentação de ficar preso nos detalhes. Lembre-se, os detalhes dos seus pensamentos alimentam seus sentimentos de estresse. Não analise demais os motivos específicos porque você está ficando estressado. Em vez disso, use seus sentimentos como um sinal para lembrar-lhe de que perdeu a sua saúde mental de vista. Caso você a perca, lembre-se de que está tudo bem. Todo mundo a perde freqüentemente! Diga algo simples para si mesmo, como "Epa, perdi de novo", mas não exagere o problema preenchendo os detalhes.
7. Abaixar sua tolerância ao estresse. Tente notar os sentimentos estressantes que teve no início do ciclo do estresse, um processo que chamamos de reconhecimento de pensamento. Isso criará uma alteração no seu pensamento e vai colocá-lo de volta no momento. Tipicamente, quanto mais tempo você levar para reconhecer seus pensamentos estressantes, mais difícil vai ser voltar para os trilhos. Veja se pode notar os sinais de estresse emergindo antes que eles arruinem o seu dia. Se for tarde demais e você já houver perdido, está tudo bem! Reveja as etapas no Capítulo 3, "Voltando ao momento presente".

RESUMO

Todo estresse começa com um único pensamento, e é pensamento. O que você faz depois com esses pensamentos estressantes iniciais determina se o estresse vai aumentar e, eventualmente, sobrecarregá-lo ou não. Caso você note seus pensamentos no início do processo, antes que fique preso – se experimentar o reconhecimento de pensamento –, estará vivendo na velocidade da vida. O seu pensamento vai passar para o modo de livre fluxo e você será capaz de voltar aos trilhos, de volta ao momento.

Quanto mais alta for a sua tolerância ao estresse, mais tempo vai levar para despertar para o fato de que a sua mente está cheia de pensamentos estressantes e afastando-o da velocidade da vida. Em vez de manter a sua calma, ficar tranqüilo e usar sua sabedoria, sua mente vai correr uma milha num minuto, criando cenários bem justificados sobre como as coisas estão ruins, como há pouco tempo para fazer tudo, como as outras pessoas podem ser difíceis e assim por diante. As pessoas com uma tolerância muito elevada ao estresse aprenderam a não prestar atenção nos sentimentos que assinalam um ataque de pensamento iminente. Por sua vez, se você baixar sua tolerância ao estresse – se puder apanhar o seu pensamento estressante antes que ele o leve embora –, seu pensamento vai mudar e você vai sentir-se melhor antes que perceba.

Quando você se concentra nos detalhes da sua vida – no que está errado e de quem é a culpa –, a sua mente se move rápido demais para permanecer na velocidade da vida. Tudo parece uma emergência, fora de qualquer controle. Mas quando você mantém a calma, notando seus pensamentos estressantes no início do processo, passa a viver na velocidade da vida. E quando vive num estado de espírito tranqüilo, as mesmas coisas que costumavam parecer estressantes serão meros sinais no radar. Os pensamentos que correm pela sua mente não parecerão tão forçados e urgentes. Não haverá nada além de pensamento que não tem absolutamente poder algum para ferir você ou para criar estresse na sua vida.

Capítulo 5

Como estar presente nos relacionamentos

Joe se lembra da primeira vez em que se apaixonou. Era como se o tempo houvesse parado. Tudo parecia mais brilhante, mais claro, mais cheio de vida. Ele não queria que esses sentimentos acabassem – alegria, risos, diversão, excitação, intimidade, um senso de conexão. Cada instante parecia precioso. Quando ele e sua namorada estavam juntos, o tempo parecia parar. No entanto, logo depois os seus pensamentos habituais de insegurança começaram a retornar, criando uma barreira para a sua intimidade. Começou a focalizar todas as diferenças entre eles e a questionar se ela era a pessoa certa para ele. Perguntava-se se ela sentia ou não o mesmo que ele sentia por ela. Não é nem preciso dizer que esse tipo de pensamento logo causou um curto-circuito no relacionamento. Isso parece familiar?

De certo modo, quando somos capazes de viver no momento presente, nos sentimos de uma maneira um pouco parecida como quando nos apaixonamos. Viver no momento presente mostra nosso potencial humano para a intimidade. Desacelerar até chegar à velocidade da vida nos relacionamentos é a essência da intimidade e do amor contínuos. Desacelerar até chegar ao momento presente – seja quando acabamos de nos apaixonar ou quando estamos curtindo brincar com um netinho – faz vir à tona sentimentos mais profundos de amor, paciência, carinho, aceitação incondicional e generosidade. Quando somos capazes de permanecer centrados no momento, nos nossos relacionamentos, experimentamos:

- intimidade
- alegria

- espontaneidade
- brincadeira
- escuta profunda
- comunicação eficiente
- respeito
- compaixão
- empatia
- generosidade
- abertura
- gratidão

Desacelerar até chegar ao momento presente significa que podemos experimentar a presença de outra pessoa sem a contaminação da nossa mente analítica – sem planos, expectativas, preocupação, ressentimentos, culpa, ciúme ou outras emoções negativas. Quando estamos operando a partir de um estado de pensamento sem esforço, somos capazes de ser tocados pela presença daquela pessoa de um modo que parece aumentar nossa compreensão de quem somos; nos sentimos conectados através do amor. A nossa mente não está ocupada; não estamos correndo para chegar a outro lugar ou planejando impacientemente nossa próxima atividade. Em vez disso, curtimos cada momento. Nosso(a) parceiro(a) sente nossa compaixão, paciência, respeito, aceitação e interesse.

Quando Joe aprendeu, pela primeira vez, os princípios da Psicologia da Mente, ele estava divorciado há alguns anos e vivenciara uma série de relacionamentos que caíam num padrão comum – ficar profundamente apaixonado, um período de lua-de-mel, desilusão, trabalhar duro para consertar o relacionamento, frustração e o final do relacionamento. Ele realmente queria um relacionamento íntimo e lia tudo que podia encontrar sobre o assunto. Até compreender a natureza do seu pensamento, contudo – como os seus pensamentos ocupados podiam afastá-lo dos seus sentimentos amorosos –, ele não tinha idéia de como permitir que um relacionamento durasse, se aprofundasse e crescesse.

Mais ou menos no mesmo período em que aprendeu esses princípios, ele conheceu uma mulher adorável, e partilha um casamento feliz com ela desde então. Como todo casal, eles tiveram seus momentos difíceis, mas aprenderam a compreender como suportar essas tempestades e permitir que a sua intimidade crescesse. O segredo para Joe e para sua esposa foi aprenderem a reconhecer o momento em que seus pensamentos se desviavam cada vez mais cedo. Aprenderam o valor de serem humildes o bastante para admitir quando tinham saído da linha. À medida que continuaram abertos para a aquisição de um nível mais profundo de compreensão, foram capazes de crescer. O reconhecimento de pensamento permitiu que eles se vissem com mais apreciação, ternura, compaixão e amor. Eles aprenderam a considerar suas diferenças interessantes em vez de ameaçadoras e a usar essas diferenças para ajudar o crescimento mútuo.

Neste capítulo, queremos explorar as conexões entre o pensamento, viver no momento presente e a intimidade.

FUNCIONAMENTO PSICOLÓGICO SAUDÁVEL, A BASE COMUM

Uma base comum para todo mundo é a nossa habilidade inata de funcionar de uma maneira psicologicamente saudável. Ao fazê-lo, podemos experimentar um mundo de sentimentos mais profundos, ver outra pessoa de maneiras novas e olhar além dos hábitos dessa pessoa para enxergar o potencial dentro dela. Quando duas pessoas se apaixonam – quando se encontram pela primeira vez –, estão se vendo de uma maneira não contaminada. Elas enxergam além das suas diferenças, até mesmo além do comportamento, a saúde que está dentro delas. Muitas vezes, quando nos apaixonamos, estamos num modo de pensamento de livre fluxo. Estar num modo de livre fluxo livra nossos pensamentos dos pensamentos habituais e estereotipados sobre os outros e nos permite ver aquela pessoa como inocente – como perfeita.

Por contraste, a paixão (*infatuation*) é meramente uma forma de atração baseada no condicionamento. Ela consiste na projeção da idéia do indivíduo homem ou mulher ideal sobre alguém. Quando a realidade vem à tona, contudo, as pessoas apaixonadas rapidamente se desiludem à medida que descobrem a pessoa real que vive por trás do seu ideal percebido.

Se pudéssemos viver no momento presente e operar no modo de livre fluxo na maior parte do tempo nos nossos relacionamentos, raramente perderíamos os sentimentos de amor e conexão. Estar aberto para este ideal difícil e decidir aspirar a ele são os primeiros passos rumo a essa direção. Se der esses passos, a dinâmica dos nossos relacionamentos vai mudar, mesmo que você seja o único se movendo nessa direção.

Por exemplo, uma amiga de Joe contou a ele recentemente sobre seu pai e sua descoberta, aos setenta anos, de que tinha câncer. Os médicos deram-lhe pouco tempo de vida e disseram que deveria resolver seus assuntos pendentes. Até esse momento, ele tinha sido um homem amargo; vivera quase que exclusivamente no seu modo analítico, preso no passado. A sua mente estivera cheia de ressentimentos, rixas e hostilidade. Ele se alienara de todos os seus filhos e da maioria dos seus amigos. No dia em que recebeu a notícia dos médicos, ele foi para casa e, de acordo com sua esposa, passou a tarde inteira olhando pela janela. A partir daquele dia, experimentou uma reviravolta completa, uma mudança de coração. Ele chamou sua filha, a amiga de Joe, e se desculpou pela maneira como a tratara. Toda a sua mesquinhez anterior parecia insignificante agora, diante da sua morte iminente. Ele despertou para o que era verdadeiramente importante na vida – seus entes queridos e seu desejo de tirar o máximo de cada momento restante. Ele percebeu a ilusão do passado – como o passado não era nada mais do que pensamentos na sua mente – e a tolice dos pensamentos críticos que ele estivera acostumado a levar a sério demais.

Não precisamos esperar até receber o anúncio da nossa própria morte para que tenhamos esse tipo de despertar ou mudança de coração. E, naturalmente, receber um anúncio da morte não leva necessariamente a uma compreensão como a deste homem. Quando aprendemos a viver no modo de livre fluxo, contudo, é quase inevitável que tenhamos o mesmo tipo de experiência ou algum tipo similar. A amiga de Joe disse que ela sempre soubera que seu pai tinha dentro de si o potencial de ser a pessoa em que se transformou depois de receber o diagnóstico de câncer. A única coisa que o separara deste sentimento foi sua falta de compreensão sobre a natureza do seu pensamento.

PENSAMENTOS CONDICIONADOS, A BASE DAS DIFERENÇAS

Quando estamos operando fora do nosso condicionamento – nossas crenças, idéias, opiniões, o passado –, vivemos num mundo individual de realidades separadas. Não existem duas pessoas com as mesmas percepções, com os mesmos pensamentos ou com as mesmas experiências de vida, por mais similares que sejam suas realidades externas. Cada um de nós vive num mundo separado de pensamento e vê a vida baseado na socialização, história passada e cultura. Quando operamos a partir de nosso pensamento condicionado e analítico, podemos experimentar uma concordância ocasional, mas nunca a verdadeira intimidade.

A causa da maioria dos argumentos é a discordância quanto àquilo em que acreditamos, que preferimos ou que valorizamos. A base de tudo isso é o condicionamento. Por sua vez, quando transcendemos nossos pensamentos condicionados e operamos a partir do pensamento de livre fluxo, entramos no mundo da base comum – sabedoria, senso comum e sentimentos mais profundos de amor, compreensão e compaixão. É a existência do modo de livre fluxo que explica como pessoas de culturas, locais e sistemas de crença totalmente diferentes podem se apaixonar, ficar em paz e apreciar suas diferenças. Este núcleo de sentimentos íntimos é nossa saúde mental inata. Quando aprendemos a viver no modo de livre fluxo, descobrimos o segredo que permite atravessar a barreira de nossas realidades separadas. Nesta próxima seção, vamos dar uma olhada na causa mais comum de sair do momento presente nos relacionamentos: a mente ocupada.

A MENTE OCUPADA, INIBIDORA DA INTIMIDADE

O que nos impede de alcançar nossos sentimentos positivos mais profundos é uma mente acelerada e ocupada que está inconsciente de que está desequilibrada. Quando a mente está ocupada e não estamos conscientes de que estamos pensando, vemos a vida através da distorção do pensamento doentio. Quando nosso pensamento se acelera, às vezes nos sentimos sozinhos, alienados dos outros, desconfiados ou paranóicos. Nossos pensamentos doentios agem como um filtro, impedindo a passagem da luz do amor nos nossos corações e nos corações dos outros. Os momentos e períodos mais dolorosos de qualquer relacionamento geralmente ocorrem quando a mente da pessoa está cheia de estresse – o sinal de uma mente ocupada.

NÍVEIS DE COMPREENSÃO E RELACIONAMENTOS

À medida que começamos a compreender como nossa mente e os diferentes modos de pensamento operam nas nossas vidas, nosso nível de compreensão dos relacionamentos começa a aumentar. Nos níveis mais baixos de compreensão, nos sentimos solitários, isolados e reativos. Os outros podem parecer ameaçadores, como se fossem a fonte de possíveis mágoas. Quando vamos nos sentindo mais seguros e nos tornamos capazes de reconhecer nossos pensamentos, começamos a ver um grau maior de inocência no comportamento alheio; começamos a sentir afeto e compaixão pelas pessoas. Esses sentimentos fazem com que eles se sintam mais seguros e tranqüilos, e o mesmo ocorre conosco. Assim, os outros começam a relaxar na nossa presença; ficam mais leves e alegres.

Conforme nossa compreensão aumenta, todos os nossos relacionamentos mudam; eles realmente parecem diferentes. A maneira de elevar nosso nível de entendimento é simples e podemos notar calmamente nosso pensamento. Estamos usando nosso pensamento contra nós mesmos? Estamos tendo ataques de pensamentos? Ou estamos num estado mental reflexivo? Estamos usando nosso pensamento de livre fluxo com o máximo de freqüência possível?

Uma das clientes de Joe estava pensando em deixar seu marido. Ele estava atravessando um período difícil no trabalho e muito preocupado, distante e pouco disponível para ela. Quanto mais distante ele se tornava, mas ela ficava exigente e desesperada pela sua atenção. E quanto mais desesperada ela parecia, mais ele evitava ir para casa. Eles estavam num círculo vicioso de mentes ocupadas levando ao isolamento e depois à raiva e ao recolhimento.

O processo terapêutico continuou, a cliente começou a notar como estava usando seu pensamento contra si mesma e como seu pensamento acelerado estava interferindo nos seus sentimentos amorosos. Isso permitiu que ela pressionasse menos o marido. Percebeu que, ao usar seu modo de pensamento de livre fluxo em vez de criar batalhas na sua mente e usar o seu pensamento analítico, ela podia experimentar sua saúde mental mesmo quando seu marido estava atravessando um período difícil. Percebeu que sua felicidade não dependia dos atos do seu marido – ou mesmo da felicidade dele. Simplesmente notando o seu pensamento com mais e mais freqüência, seu nível de compreensão mudou. Em vez de sentir-se carente, ela passou a sentir compaixão por ele.

Certa noite, seu marido chegou em casa depois de uma viagem de negócios particularmente difícil. Quando ele entrou pela porta, ela percebeu que ele estava exausto e estressado. Na verdade, parecia derrotado e frustrado. Seu coração abriu-se para ele, e abriu seus braços para abraçá-lo. Pela primeira vez em dezoito anos de casamento, ele chorou e permitiu ser confortado. Ele terminou compartilhando e falando intimamente com ela durante três horas.

Desde então, eles restabeleceram seu compromisso mútuo e estão mais próximos do que nunca. Aprenderam a desacelerar até chegar à velocidade da vida, a ter tempo um para o outro, a escutar e amar. Refletindo sobre sua história, a cliente de Joe começou a ver como seus sentimentos de urgência, carência e raiva tinham literalmente o afastado.

O quadro abaixo mostra como nossa visão de um relacionamento é alterada à medida que nosso nível de compreensão aumenta.

NÍVEIS DE RELACIONAMENTO

Amor Impessoal/Beatitude
Amor Incondicional/Felicidade
Compaixão/Cura
Calor/Generosidade

Incômodo/Irritação
Raiva/Conflito
Ódio/Violência
Indiferença/Isolamento

Os termos usados neste quadro não devem ser considerados estágios absolutos de relacionamentos; antes, são termos arbitrários para descrever a evolução geral dos relacionamentos quando o nosso nível de compreensão se eleva. Como dissemos anteriormente, por que, quando e como um nível de compreensão se eleva é um mistério. Contudo, observamos que um desejo sincero de mudar, unido com a compreensão dos conceitos explicados neste livro, parece aumentar a ocorrência desses saltos verticais na nossa compreensão. A humildade, a paciência e uma mente aberta também são grandes fertilizantes para relacionamentos.

No nível mais baixo de compreensão, os relacionamentos são dolorosos e abusivos e há a ausência de amor. As pessoas são inseguras demais para confiar nas outras ou mesmo para acreditar que são dignas de amor. Ainda é muito negativo o nível de relacionamento que inclui uma conexão, mas cujos sentimentos estão cheios de ódio e até mesmo de violência. A diferença é que existe algum nível de relacionamento, mesmo que negativo. À medida que o nível de insegurança diminui, o nível de violência se ausenta, mas os conflitos não resolvidos são comuns – existem ressentimentos e distância com períodos de alguma intimidade. No nível mais elevado de compreensão abaixo da linha de bem-estar mental, um relacionamento é marcado por sentimentos de carinho, mas misturados com muitos sentimentos de incômodo, irritação, julgamento, desapontamento e medo de rejeição.

Quando as pessoas nos relacionamentos se movem para além da linha, seu medo da intimidade e dúvidas são substituídos por um sentimento de segurança. Este sentimento permite sentimentos naturais de calor e generosidade sem que prevaleça a expectativa de reciprocidade. Nos níveis mais elevados, os sentimentos curativos de compaixão, compreensão e aceitação incondicional são normais. O perdão é natural neste nível. Quando elevamos ainda mais o nosso nível de compreensão, nossos relacionamentos são preenchidos com humor, ternura e amor incondicional. Nos níveis mais elevados, sentimos um sentimento impessoal de amor por todas as pessoas, sem julgamentos, expectativas ou padrões estabelecidos de interação. Nossos sentimentos são espontâneos, calorosos e inspiradores.

HUMORES NO RELACIONAMENTO

Compreender os humores é tão importante para as pessoas em relacionamentos quanto compreender o clima é importante para um piloto de avião. Os humores afetam todos os aspectos dos nossos relacionamentos íntimos: como nos comunicamos, como resolvemos conflitos, como tomamos decisões, como experimentamos a intimidade. É claro que essas flutuações na qualidade do nosso pensamento de momento a momento são uma parte natural e inevitável da vida. Humores diferentes apresentam nossos(as) companheiros(as) em luzes diferentes: num minuto ele (ou ela) é a pessoa mais preciosa do mundo; no minuto seguinte, não conseguimos imaginar por que nos unimos.

À medida que adquirimos uma compreensão mais profunda dos nossos humores e dos humores das pessoas ao nosso redor, somos protegidos – em grande parte – dos efeitos adversos por um guarda-chuva emocional que nos abriga. Compreender os humores nos protege de levar a sério as interações da nossa cara-metade quando ele ou ela está de mau humor. Isso também nos ajuda a saber quando devemos manter a boca calada e quando devemos avisar aos outros que nosso meteorologista interno vê uma tempestade se aproximando.

Existem várias linhas básicas para lidar com o seu humor ou com o humor de outras pessoas:

1. Quando você está de mau humor, não leve as percepções que tem dos outros demasiadamente a sério. Quando estamos mal-humorados, tendemos a ser sérios, críticos, irritados e impacientes. Vemos os outros como menos atraentes e cooperativos e atribuímos motivos ulteriores às suas ações. Se reconhecermos que nosso pensamento é responsável por essas percepções, poderemos ver a necessidade de fazermos um ajuste na nossa atitude. Se esperarmos que acabe a tempestade e deixarmos nosso mau humor passar, sempre veremos que foi nosso pensamento de processo que estava distorcendo nossa percepção. É quase cômico, ao recordarmos, quando olhamos o mau humor de outro lado.

Ver que nossa percepção durante um período de mau humor é questionável é como olhar para o espelho do lado do carona de um automóvel – aquele que diz "os objetos podem parecer mais próximos do que realmente estão". Fazemos um rápido ajuste mental/perceptual para levar em conta a distorção do nosso pensamento. Quando reconhecemos que estamos de mau humor, pode ser útil prevenir as outras pessoas por perto que um mau humor chegou e que não devem encará-lo de uma maneira pessoal. Uma amiga nossa até mesmo mandou fazer uma camisa para seu marido; ela dizia: "Deixe-me em paz, estou tendo um piti!" Você pode não precisar ir tão longe, mas pode descobrir que reconhecer um mau humor ajuda a limpar o ar com suas pessoas significativas.

2. Não leve o mau humor dos outros pessoalmente. Em vez de ser defensivo, crítico ou ter medo dos seus humores, tente ter alguma compaixão. Ser paciente com os humores dos outros não é algo que você possa realizar "pensando". Você precisa ver que seu parceiro (ou parceira) está mal-humorado(a); não é nada demais – acontece com os melhores de nós. Espere alguns minutos ou horas e você também vai estar de mau humor! Então, talvez você aprecie

a paciência e compreensão do outro. Tente ver a negatividade do outro como algo impessoal, mesmo quando é direcionada pessoalmente para você. Chamamos essa noção de "imunidade ao mau humor". A compreensão nos protege de nos "contaminarmos" com o mau humor de outra pessoa. Na verdade, os humores negativos dos outros não têm absolutamente nada a ver conosco; eles são um produto do seu pensamento.

No outro dia, Joe ligou para seu filho só para dizer alô. Seu filho estava frio e distante, e parecia estar incomodado com o fato de ter sido interrompido. A primeira reação de Joe foi sentir-se irritado com sua grosseria. Joe sentiu que ele estava de mau humor e decidiu perguntar a ele como tinha sido o seu dia. Seu filho contou como estava exausto e como não podia esperar para ir para a cama. O sentimento de Joe foi da irritação para a compaixão. Seu filho sentiu seu amor genuíno e assim começou a compartilhar várias coisas sobre sua semana; ele abriu seu coração e a compaixão de Joe abriu a porta para um momento íntimo.

3. Não tente tomar decisões ou se comunicar sobre assuntos difíceis ou importantes quando você ou seu(sua) parceiro(a) está de mau humor. Muitas vezes, sentimos um senso de urgência e seriedade quando estamos de mau humor, mas devemos tomar cuidado ao tomar qualquer decisão, falar sobre questões importantes e ter qualquer tipo de discussão quando estamos num estado mental negativo. Saber que esse sentimento de urgência é um sinal emocional para nos alertar de que estamos fora do momento presente e que entramos na Avenida dos Aprisionados. Espere até que a atmosfera emocional fique mais limpa e que ambos estejam andando pela Alameda da Serenidade.

COMUNICAÇÃO: CORAÇÃO A CORAÇÃO OU CABEÇA A CABEÇA?

Na terapia, os casais muitas vezes declaram que o problema dos seus relacionamentos seria resolvido se eles pudessem "se comunicar melhor". Existe alguma verdade nisso, mas também algumas concepções errôneas sobre a comunicação. A boa comunicação sozinha não melhora necessariamente um relacionamento. Algumas comunicações levam a uma incompreensão maior; algumas podem chegar a terminar um relacionamento, causando um sofrimento que levará anos para ser superado. Em outras ocasiões, a comunicação se torna o ponto de virada de um relacionamento e deixa as pessoas sentindo-se calorosas e íntimas. Qual é a diferença?

A comunicação que vem do coração possui a habilidade de transformar. A comunicação de coração a coração nos ajuda a ir além das nossas realidades distintas até chegarmos ao campo comum da saúde mental. Ela leva nosso pensamento a evoluir e nos ajuda a ver questões segundo uma perspectiva diferente. Quando duas pessoas estão se comunicando de coração a coração, elas sempre sentem mais respeito e carinho depois do que antes de conversarem.

Por outro lado, a comunicação de cabeça a cabeça – debater, argumentar, palestrar, envolver-se na indulgência emocional, confrontar – não costuma ter um impacto positivo e duradouro sobre outra pessoa. As pessoas geralmente saem de uma discussão cabeça a cabeça mais convencidas de que estavam certas e de que a outra pessoa é desinformada, estúpida ou maluca. Discussões de cabeça a cabeça são, geralmente, improdutivas e, pior, podem terminar desastrosamente, com perturbação emocional e resíduos de culpa e ressentimento. Numa discussão de cabeça a cabeça, as pessoas estão falando a partir dos seus sistemas de crença e hábitos preexistentes em vez de seguirem sua sabedoria e inspiração. Isso leva a um impasse. As discussões são circulares e previsíveis; os casais geralmente conseguem terminar as frases dos outros numa discussão de cabeça a cabeça porque já ouviram tudo uma centena de vezes. Obviamente, as discussões de cabeça a cabeça não são uma comunicação boa e eficiente para os relacionamentos.

Se a comunicação de coração a coração é mais eficiente para resolver questões emocionais problemáticas num relacionamento, como podemos chegar a ela? A maioria de nós experimentou a comunicação de coração a coração em algum momento das nossas vidas – uma conversa especial com um colega de quarto da faculdade, uma conversa íntima durante um período de crise, um momento de verdade entre um pai e um filho. Essas conversas emocionais são raras na vida da maioria das pessoas. Desacelerando até chegar à velocidade da vida, contudo, você pode aprender a torná-las uma parte integral da sua vida. Uma conversa de coração a coração possui diversos elementos ou qualidades:

- Cada lado é respeitoso e trabalha para estabelecer uma ligação.
- Os dois lados são tocados profundamente.
- Cada lado escuta sem interrupção e parece fazer com que a outra pessoa se abra.
- As palavras vêm do coração (pensamento de livre fluxo) de uma maneira espontânea, sem premeditação ou não habitual.
- As duas pessoas sentem um nível mais elevado de intimidade e a troca costuma ser muito compensadora.

A comunicação de coração a coração pode parecer misteriosa e fora do nosso controle, mas quanto mais compreendemos sobre como estar no momento presente e operar a partir de um funcionamento psicológico saudável, com mais freqüência parecem ocorrer as conversas de coração a coração. As seguintes sugestões o ajudarão a preparar-se para uma comunicação eficiente:

1. Encontre primeiro seu próprio equilíbrio; entre no modo de livre fluxo.
2. Abandone quaisquer expectativas de um resultado particular.
3. Consiga a permissão da outra pessoa.
4. Fale de coração.
5. Escute sem nada na sua mente.
6. Mantenha-se no caminho; mantenha o tom respeitoso, cálido e compassivo.

Vamos discutir cada sugestão com alguns detalhes.

1. *Encontre o seu equilíbrio*

Se você está se sentindo urgente, sério e impaciente, você está na sua cabeça – no seu modo de processamento. Pode precisar de uma conversa de coração a coração, mas não vai acontecer até que você esteja no seu próprio coração. Espere até que seu humor melhore; a questão provavelmente ainda vai estar presente quando o seu humor melhorar e você estará numa posição melhor para alterar as coisas se estiver equilibrado. Infelizmente, a maioria das pessoas realiza suas comunicações mais importantes quando perdeu seu equilíbrio. Para que aconteça uma conversa de coração a coração, é necessário que você esteja no modo de livre fluxo quando estiver falando e escutando.

2. *Abandone quaisquer expectativas de resultado*

Se você possui uma expectativa de um resultado particular, a outra pessoa vai sentir isso. A expectativa levará ao controle, à manipulação e à pressão sobre a outra pessoa, o que por sua vez vai encorajar seu parceiro ou parceira a entrar na própria cabeça e tornar-se defensivo(a). As expectativas levam ao desapontamento se as coisas não vão exatamente como esperamos, o que, naturalmente, nunca acontece. O desapontamento irá desanimar vocês e abafará a comunicação.

Em vez de ter uma idéia específica de um resultado, tenha fé de que se conseguir o sentimento apropriado (ligação) entre vocês e ambos falarem a partir do coração, verão uma solução que nenhum dos dois tinha pensado anteriormente, mas que corresponderá às necessidades de ambos. Ter fé no modo de livre fluxo nas comunicações levará você na direção de uma conversa de coração a coração.

3. *Consiga permissão*

Você pode sentir que está equilibrado e no modo de livre fluxo. Também pode achar que está livre de qualquer expectativa e pronto para uma conversa de coração a coração. Mas lembre-se, são necessárias duas pessoas para dançar tango. Antes de lançar a sua comunicação de coração a coração, é preciso conseguir a permissão da outra pessoa ou pode acabar com uma conversa de cabeça a cabeça. Pedir permissão faz várias coisas valiosas:

- Mostra respeito.
- Alerta outra pessoa da importância da comunicação e, portanto, ajuda essa pessoa a recuperar seu equilíbrio.
- Deixa você saber se o momento, humor ou nível de ligação está errado e se você precisa ter paciência até que chegue o momento certo.

Se você não der o importante passo de conseguir a permissão para comunicar-se de maneira eficiente, será como tentar caminhar através de uma porta trancada. Você pode precisar assegurar a outra pessoa das suas intenções positivas e da sua preocupação ou pode precisar explicar por que isso é importante para você. Se não conseguir a permissão, é melhor esperar. Você pode simplesmente precisar aceitar que a outra pessoa não está pronta ainda.

4. *Fale de coração*

Falar de coração significa comunicar-se a partir do modo de livre fluxo. Falar de coração significa não pensar ou ensaiar o que você vai dizer, não pensar sobre como a outra pessoa vai reagir e não antecipar uma resposta. É ser você mesmo e deixar que as palavras venham através de você. Falar de coração é falar a partir da inspiração, extemporânea ou espontaneamente. No modo de pensamento de livre fluxo, as palavras saem direito, levando em conta questões como o campo de referência da outra pessoa, o nível de ligação, o tom e a extensão da permissão garantida. Falar de coração faz com que nossa sabedoria se manifeste.

Quando as pessoas escutam de coração, elas demonstram seu alto nível de interesse e respeito. Quanto melhor a escuta, mas ela parece fazer com que a outra pessoa se abra; quanto mais alguém fala a partir do coração, mais a outra pessoa parece escutar.

5. *Escute sem nada na sua mente*

Escutar sem nada na sua mente é escutar a partir do coração – escutar a partir do modo de livre fluxo. A mente no modo de livre fluxo é mais como um receptor de rádio do que um computador.

Ela está recebendo todos os dados que chegam sem analisá-los, processá-los ou rejeitá-los. No modo de livre fluxo, você não interpreta a partir de um sistema de crenças, você não julga e não antecipa o que vai ser dito em seguida. Simplesmente escuta sem julgamentos, tentando assimilar o que a outra pessoa está dizendo – não através das palavras, mas pelos sentimentos por trás das palavras. Escutar de coração significa estar realmente interessado no que a outra pessoa está dizendo. Você não é distraído por outros pensamentos ou memórias que foram despertados pela conversa. Você não tem um plano, nem expectativas ou resultados na sua mente. O seu trabalho quando escuta de coração é ser afetado pela outra pessoa.

6. *Mantenha-se no caminho*

Durante uma conversa de coração a coração, é importante manter o tom emocional no caminho com um tom que é respeitoso, caloroso e compassivo. A irritação, o comportamento defensivo e a distração fazem com que você saia dos trilhos. Também é possível sair dos trilhos perdendo a permissão à medida que você entra em áreas mais profundas e/ou mais significativas de discussão. Continue verificando; você ou a outra pessoa pode ter perdido o equilíbrio. Se alguma dessas coisas ocorrer, pare até que ambos estejam de volta nos trilhos emocionalmente. Recupere seu equilíbrio, ganhe novamente a permissão e escute de coração.

Comunicação de coração a coração é um processo, e não uma fórmula. Cada conversa de coração a coração será inteiramente diferente. É necessário um salto de fé cada vez que você tem uma conversa de coração a coração – um grau de confiança de ambas as partes. À proporção que a nossa confiança no modo de livre fluxo aumenta, iremos naturalmente cair nas discussões de coração a coração quando elas são necessárias ou apropriadas. Essas linhas de orientação são como rodas de treinamento de bicicletas infantis para comunicações saudáveis e eficazes – para relacionamentos íntimos no momento presente.

COMO COMEÇAR DE NOVO NOS RELACIONAMENTOS

Para ter um novo início nos relacionamentos, precisamos ver nosso(a) parceiro(a) e a nós mesmos sob uma nova luz. Essa nova luz é uma maneira nova de pensar sobre a vida – soa uma nova percepção. Alguns chamaram essa alteração de mudança de coração ou apaixonar-se novamente. Seja lá como ela for chamada, parece mudar o modo como nos sentimos quanto ao passado e aumentar o otimismo que sentimos em relação ao futuro. Muito embora pareça que não temos controle algum sobre quando e como essa mudança de coração ocorre, algumas linhas de orientação podem aumentar a chance disso ocorrer, assim como preparar o solo de um jardim pode garantir uma colheita mais saudável. Essas quatro linhas de orientação foram feitas para ajudar a preparar o solo do seu relacionamento para um novo começo:

1. Tenha esperança.
2. Reconheça os seus pensamentos.
3. Veja a inocência em si mesmo e nos outros.
4. Perdoe e esqueça.

Vamos examinar cada uma dessas orientações detalhadamente.

1. *Tenha esperança*

Quando ficamos desencorajados nos nossos relacionamentos, tendemos a cair no pensamento analítico doentio; vemos apenas aspectos da outra pessoa que validam nossos preconceitos e reforçam os motivos por que nosso relacionamento é desesperançado. Reverter esse processo exige um salto de fé. Precisamos acreditar que ninguém planejou intencionalmente destruir o relacionamento – na verdade, todo mundo está fazendo o melhor que ele ou ela pode oferecer no nível atual de compreensão. Se nos lembrarmos de que cada um de nós é, originalmente, saudável, podemos considerar a possibilidade de que todo mundo possui o potencial de mudar. "A esperança é a última que morre" quando podemos limpar nossas mentes do pensamento analítico e deixar que a esperança flutue até a superfície. Nossa saúde mental é flutuante; quando ela ascende, traz com ela a esperança de que precisamos para seguir adiante. Quando nosso nível de compreensão se eleva, naturalmente experimentamos o sentimento de esperança porque vemos possibilidades ilimitadas, livres do passado.

A esperança nos dá a força psíquica para seguir adiante em situações que parecem desesperançadas. Um de nós recentemente viu uma cliente que veio para a terapia depois de ficar casada menos de um ano. Ela estava muito desapontada com a sua vida sexual e se tornando ressentida e distante. Seu marido estava assustado e começou a se isolar dela. Ela começou a temer que seu segundo casamento terminasse como o primeiro, com uma grande dose de abuso, raiva e desespero. Depois daquele final desastroso, ela evitara o relacionamento homem-mulher durante muitos anos, mas finalmente se apaixonara e achava que esse seria diferente. Agora parecia que ela estava errada. "Todos os homens são babacas!", ela gritou na primeira sessão.

Quando começou a entender que seus sentimentos estavam vindo do seu pensamento, seu humor começou a melhorar e ela passou a perceber o medo do seu marido. Ela recuou e ele começou de novo a se interessar nela sexualmente. Ela não mencionou o problema sexual novamente até algumas sessões mais tarde, quando observou como o sexo era ótimo agora e como ela não precisava fazer nada além de se trocar. Começou a sentir esperança de que, independentemente das dificuldades que ela e seu marido pudessem enfrentar no futuro, eles seriam capazes de resolvê-las, sabendo que a mudança começaria com uma alteração no pensamento. À medida que seu estado de espírito melhorava, as questões que pareciam insuperáveis entre ela e seu marido foram caindo uma a uma e expondo o amor profundo que existia entre eles.

Cada relacionamento possui o potencial de transformação. Uma alteração no nível de compreensão de até mesmo uma pessoa pode colocar a esperança na equação do amor e alterar o equilíbrio do desespero para o otimismo.

2. *Reconheça os seus pensamentos*

É preciso uma grande dose de humildade para reconhecer que cada um de nós desenvolve hábito de pensamento, alguns deles doentios, que operam fora da nossa consciência, no piloto automático. Reconhecer que acumulamos inocentemente alguns hábitos que bloqueiam o amor dentro de nós nos livra do poder deles. Reconhecer nossos hábitos é semelhante a expor o bolor à luz do sol – ele desaparece.

Vejamos, por exemplo, o caso de Jack e Julie. Jack possui o hábito de não prestar atenção em Julie quando surge uma questão. Ele deduzia que ela ia criticá-lo (o que ela vinha fazendo há anos) e a interrompia para se defender. Ela, por sua vez, se tornava mais áspera, porque ficava frustrada com a incapacidade dele de escutar. Os dois hábitos se alimentavam um do outro e os levaram numa espiral descendente até discussões irritadas e improdutivas. Muitos anos desse tipo de relacionamento levaram à desesperança e ao desespero. Quando começaram a reconhecer seus hábitos mentais aprendendo a desacelerar e a escutar, ficaram chocados ao perceber como cada um tinha contribuído para o problema no casamento e como estavam totalmente no escuro quanto aos seus próprios hábitos de pensamento. Desacelerando, eles puderam reconhecer seus hábitos de pensamento e navegar juntos rumo aos seus sentimentos de amor mútuo.

3. *Veja a inocência em si mesmo e nos outros*

Quando olhamos para nosso relacionamento e avaliamos o que aconteceu de errado, quando nos perguntamos por que não nos sentimos do mesmo modo que antes, percorremos nossos bancos de memória procurando os dados para explicar essa discrepância. Isso, inevitavelmente, leva à percepção de que alguém está certo ou alguém está errado e a fazer julgamentos sobre quem cometeu erros e que intenções as pessoas tinham o tempo todo. Essas percepções, por sua vez, levam a sentimentos de acusação, ressentimento, raiva, mágoa, culpa, vergonha e dúvida de si mesmo. O problema com a avaliação excessiva do seu relacionamento é duplo:

- Ela geralmente serve a si mesma e é parcial e, portanto, é inexata.
- Ela se baseia nos seus pensamentos sobre a situação, que validarão e realizarão a si mesmos.

Outra abordagem é encontrar a inocência um no outro. Você pode fazer isso acreditando em duas coisas:

- **Ambos estão fazendo absolutamente o melhor que podem no seu nível presente e passado de compreensão da vida.**
- **Se algum dos dois pudesse realizar sua vontade, teriam a total realização, intimidade e felicidade. A ignorância de como fazer isso é o único impedimento.**

Se aceitarmos esses dois pressupostos (e quem não aceita?), começaremos a ver a inocência em nós mesmos e no nosso(a) parceiro(a). De algum modo, é mais importante ver a nossa própria inocência primeiro, porque nos torna menos defensivos e mais relaxados e assim mais capazes de ver a inocência nos outros. Ver a inocência no outro não significa que você e que aquela pessoa não são responsáveis por eventos ou ações do passado; simplesmente significa que cada um de nós está sempre agindo segundo as escolhas que podemos ver naquele momento e a maneira como vemos a vida. Do mesmo modo que uma pessoa faminta pensa apenas na comida ou que uma pessoa assustada vê sinais de perigo, nossa realidade é marcada pelo nosso estado de espírito presente.

Joe se lembra de ter visto, quando criança, um cachorro atropelado por um carro diante da sua casa. Ele queria ir até o cachorro para ajudá-lo, mas à medida que ele se aproximava, o cachorro rosnava e tentava mordê-lo. Ele não podia acreditar que o cachorro não sentia suas intenções positivas e estava vendo-o como potencialmente danoso. Mais tarde, o pai de Joe explicou para ele que animais feridos, muitas vezes, reagem desse modo. Saber disso ajudou Joe a não levar a atitude do cachorro de uma maneira pessoal e a não sentir raiva dele.

Quando os seres humanos sentem-se inseguros, agem como aquele cachorro. Interpretamos erroneamente a ajuda do nosso parceiro como manipulação ou falta de sinceridade e reagimos de uma maneira pouco agradecida. Quando reconhecermos que estamos nos sentindo negativos e pudermos recuar, recuperaremos nossa objetividade. Seremos capazes de interpretar a atitude do outro de maneira menos pessoal e de aceitar seu comportamento positivo pelo que realmente é.

Outra tendência que temos quando estamos nos sentindo defensivos e inseguros nos nossos relacionamentos é ver uma situação em termos de certo e errado, preto e branco. Mas fazer isso nos prende no nosso sistema de crenças e nos predispõe a nos tornarmos analíticos. Isso, por sua vez, nos afasta do modo de livre fluxo, aprisionados nas nossas crenças e nos preconceitos. Então, tendemos a julgar outros pontos de vista como estúpidos, malucos, cruéis, moralmente errados e assim por diante. Esses julgamentos são contrários a ver a inocência na outra pessoa.

4. *Perdoe e esqueça*

Mágoas e transgressões acompanham todos os relacionamentos. Mas a coisa mais danosa que pode acontecer em qualquer relacionamento é deixar que os ressentimentos se acumulem. Esquecer é perdoar. O perdão é reconhecer a inocência nas nossas ações ou nas ações de outra pessoa no passado. Quando perdoamos, somos capazes de ver que a pessoa agiu num nível de compreensão onde seu comportamento fazia sentido na época ou parecia a única alternativa.

Nós perdoamos a outra pessoa primariamente por nós mesmos. Se não nos desapegarmos de ressentimento, raiva ou sentimento de ódio, ficaremos presos com os efeitos desse sentimento e começaremos a contaminar nossa própria vida. Nosso próprio coração se torna cheio de negatividade, o que ocupa espaço e deixa menos lugar para o amor. Não temos espaço na nossa vida no momento quando nossas mentes estão apegadas a um ressentimento do passado. Nossas práticas terapêuticas nos trouxeram inúmeras pessoas que não tinham perdoado a um dos pais, a outro parente, a um parceiro anterior, e os sentimentos inevitavelmente transbordam para seus relacionamentos atuais, direta ou indiretamente. Você não pode se apegar a um ressentimento e impedir que ele afete sua vida negativamente de alguma maneira.

As pessoas se apegam a relacionamentos do passado e mágoas por três motivos principais:

1. Para evitar repetir o passado. As pessoas erradamente acreditam que se recusarem a perdoar alguém isto vai ajudá-las a evitar a repetição do passado. Elas, muitas vezes, dizem que se repetirem os outros vão se magoar novamente. Quando não perdoamos, passamos pela vida tentando não repetir o passado.
2. Para evitar a cumplicidade com o comportamento. Algumas pessoas acreditam que se perdoarem a outra pessoa ou a elas mesmas estarão de alguma maneira aprovando o que foi feito. Elas deixam de ver que ainda podem considerar a si mesmas ou aos outros responsáveis por comportamentos passados – sem sentimentos negativos. A verdade é que se você perdoar aos outros e *depois* partilhar seus sentimentos é muito mais provável que eles escutem sem uma atitude defensiva. Se você encarar os outros com julgamentos, provavelmente eles vão ficar na defensiva, não serão capazes de escutá-lo e até mesmo encontrarão alguma coisa para culpá-lo. Isso mantém o ciclo em movimento: acusação-ressentimento-comportamento defensivo-transgressão.
3. Porque elas acreditam que a raiva as motiva a mudar o relacionamento. As pessoas se apegam a ressentimentos porque acham que a raiva lhes dará a energia para alterar as coisas no futuro. Elas acreditam que as pessoas que estão felizes – vivendo no momento presente – não precisam fazer nada para resolver todos os problemas no mundo ou no relacionamento. Nada poderia estar mais longe da verdade. Quando tentamos alterar um relacionamento a partir da raiva ou do ódio, destruímos os sentimentos de ligação e as pessoas entram em oposição. Isso também nos afasta do processo de pensamento criativo que pode levar à mudança e à transformação num relacionamento.

O perdão descontamina a mente para que possamos viver no momento presente e nos desacelerarmos até chegar à velocidade da vida. Quando vemos que os ressentimentos são apenas pensamentos mantidos na nossa memória e quando vemos que temos a capacidade de nos desapegarmos deles, estamos no nosso caminho para o perdão. Existem três passos para o perdão:

1. Ver o valor do perdão na sua vida. Se você deseja um novo começo no relacionamento, você precisa limpar a sua mente de quaisquer experiências passadas que estejam contaminando o momento presente. Para ganhar acesso ao modo de livre fluxo, você precisa desligar o botão do pensamento analítico. Para nos sentirmos felizes e criativos e para vivermos no momento presente de maneira plena, é imperativo desapegar-se do passado. Muitas pessoas, contudo, possuem a opinião oposta, acreditando que os ressentimentos as deixam fortes, para que não possam ser enganadas de novo facilmente. Pergunte a si mesmo: você prefere justificar seu ressentimento ou ser feliz? Você prefere sentir uma raiva justificada ou ter um relacionamento amoroso? Nos nossos leitos de morte, a maioria de nós se desapegaria facilmente de mágoas passadas. Por que esperar?
2. Esteja disposto a perdoar. A disposição é estar aberto para uma mudança de coração. Ela leva você até a parada de ônibus do perdão. Você não pode controlar quando o ônibus vai chegar, mas estará lá quando ele chegar. A disposição leva você na direção do perdão. Se você sinceramente deseja perdoar, sempre que a sua memória da mágoa vier à sua mente, diga para si mesmo: "Lá vem aquela memória novamente. Certamente antecipo o dia quando poderei vê-la de uma maneira diferente." Isto reconhece a mágoa como uma memória e não como a sua realidade presente. Durante anos, Joe esperou que poderia perdoar a seu pai por certas omissões, mas condicionou certas condições ao perdão. Ele queria que seu pai admitisse que tinha agido de maneira errada. Enquanto você se apegar a condições para o perdão, coloca a cura sob o controle de outros.

Lembre-se de quem criou as condições – foi você! Esteja disposto a perdoar para começar de novo.

3. Veja o perdão como um processo e saiba que ele vai se tornar cada vez mais fácil à medida que a memória vier à tona. Se você enxergar o valor do perdão e estiver disposto a perdoar, toda vez que a memória vier à tona enquanto você está num estado de funcionamento psicológico saudável, a experiência será um pouco menos dolorosa. Imagine que reexperimentar uma memória é como lavar roupa suja em água limpa. Com cada lavagem a roupa deixa um pouco mais de sujeira para trás e está um pouco mais limpa. Se a água está suja – se você está num pensamento analítico doentio –, a roupa não vai ficar limpa, independentemente de quantas vezes você a lavar. Se, por outro lado, puder ver a mágoa como uma memória que está no seu caminho de saída, a sua água vai ficar limpa e a sua memória será curada e compreendida a partir de um ponto de vista mais elevado e impessoal.

Joe tinha uma cliente que sofrera abusos sexuais do seu irmão. Toda a sua vida ela o detestou. Mais tarde, ele cometeu suicídio depois de uma vida viciado em drogas. Quando ela aprendeu a ver o valor do perdão e ficou disposta a perdoá-lo, as suas memórias dolorosas e os pesadelos eventualmente terminaram. Ela entrou num relacionamento saudável e duradouro, que mudou o padrão de toda a sua vida de relacionamentos curtos.

O perdão é uma parte necessária e constante dos relacionamentos, já que somos todos frágeis e apenas humanos. Sempre vamos precisar limpar o pára-brisa, para ver os outros segundo uma perspectiva nova. Caso você pratique essas etapas nos seus relacionamentos, será capaz de ter um novo início em qualquer relacionamento.

RESUMO

Estar verdadeiramente presente nos relacionamentos – desacelerar até chegar ao momento presente – é a chave para a intimidade, satisfação e comunicação eficaz e amorosa. Quando estamos envolvidos num uso doentio dos nossos processos de pensamento, tendemos a ver outras pessoas do ponto de vista da nossa realidade individual distinta. Redescobrir nosso funcionamento psicológico saudável cria o fundamento comum onde podemos nos conectar com os outros.

À proporção que nosso nível de compreensão se eleva, o mesmo acontece com a qualidade dos nossos relacionamentos. A compreensão dos humores, as realidades separadas e o reconhecimento do pensamento leva a uma comunicação eficiente de coração a coração. Uma conversa de coração a coração envolve estar no modo de livre fluxo de pensamento, deixando para trás as expectativas, conseguindo a permissão, falando de coração, escutando sem nada na sua mente, e saber como manter-se no caminho.

Podemos ter perdido a esperança de que um relacionamento seguro pode voltar à vida. Discutimos quatro linhas de orientação para nos ajudar a mudar o caminho dos nossos relacionamentos: manter a esperança, reconhecer seus hábitos de pensamento, ver a inocência em si mesmo e no seu parceiro ou parceira e perdoar e esquecer. Finalmente, falamos sobre os estágios do perdão.

No capítulo seguinte, examinaremos uma aplicação específica da desaceleração nos relacionamentos que afeta a maioria de nós profundamente – a paternidade.

Capítulo 6

Paternidade pacífica

As pessoas que têm filhos sabem como eles crescem rápido. Num minuto estão nos acordando de noite, e no que parece o minuto seguinte preferem sair à noite. Num minuto tudo que querem é passar algum tempo conosco, e no minuto seguinte somos as últimas pessoas com quem querem estar.

No entanto, apesar de saber como o tempo que temos com eles é curto, a maioria de nós parece correr pelos nossos anos de paternidade quase desejando que eles acabem logo. "Vou ser mais feliz quando ele não for mais um bebê", "Ficarei aliviada quando ele sair dos terríveis dois anos", "Vai ser muito melhor quando acabar a adolescência." Mas, ironicamente, à medida que as nossas crianças crescem, nos convencemos do oposto, reescrevendo nossa história pessoal: "Era muito melhor quando as crianças eram pequenas", "Sinto falta de quando ela era um bebezinho", "Sinto saudade da época em que meus filhos me levavam a sério." Resumindo, passamos a maior parte dos momentos presentes da nossa experiência paterna concentrando nossa atenção em pensamentos do futuro ou em memórias do passado. Nossas mentes estão girando uma milha por minuto, tentando realizar tudo. Vamos para a frente e para trás, entre acreditar que "algum dia" será melhor do que hoje e nos convencermos que "ontem" foi melhor do que realmente foi. Em vez de mergulharmos nos momentos presentes da nossa experiência, nos mantemos afastados da vida com nossos pensamentos, raramente vivendo na velocidade da vida.

Além de trabalharmos com centenas de clientes que tinham filhos de todas as idades imagináveis, nós dois temos filhos nas extremidades opostas do espectro da criação de filhos. Joe tem um filho de vinte e um anos que já saiu de casa e mora sozinho. Richard tem duas filhas, de oito e cinco anos. Foi interessante descobrir que os princípios da desaceleração até a velocidade da vida se aplicam a criar filhos de qualquer idade. Desacelerar significa permitir-se dar um passo para trás, ganhar acesso à sua sabedoria e responder apropriadamente ao momento presente. Isso também permite apreciar os tipos diferentes de felicidade que as crianças de diferentes idades têm a oferecer. Desacelerar até chegar à velocidade da vida permite apreciar o crescimento do seu filho e o momento em que ele sai de casa tanto (embora de maneira diferente) quanto apreciar levar sua filha de seis anos ao seu primeiro museu de descobertas ou ver o seu filho de um ano de idade dar seus primeiros passos.

Desacelerar até chegar à velocidade da vida melhora a criação dos filhos de um modo tão intenso que temos trabalhado com pais que descobrem que criar adolescentes supostamente impossíveis é tão maravilhoso e recompensador quanto criar uma criança tranqüila de oito anos. Aprendendo a viver nesse momento e a apreciá-lo, independentemente de como ele possa estar se desdobrando, em vez de aliviar as memórias do passado ou de antecipar momentos ainda por vir, você também pode transformar a experiência da paternidade numa vivência pacífica.

À proporção que você vive a sua vida num estado psicológico saudável e aprende a pensar de maneira mais saudável, também descobrirá que os desafios variados que a paternidade traz para a sua vida não precisam sobrepujá-lo. Quando você desacelerar até chegar à velocidade da vida, será capaz de lidar com as situações ao mesmo tempo que age de maneira apropriada para o momento presente. As questões da paternidade parecerão diferentes, mais fáceis.

OS EFEITOS DA PATERNIDADE ACELERADA

Antes de começarmos a falar sobre como desacelerar na paternidade, vamos considerar por que é importante desacelerar. Várias conseqüências sérias derivam da paternidade de mente ocupada e acelerada. Aqui estão algumas:

1. Você começa a ser habitualmente reativo em vez de sensível.
2. Você vê o comportamento negativo de uma maneira pessoal em vez de ver a inocência.
3. Os pequenos eventos viram manchetes de primeira página.
4. Você perde os bons momentos.
5. Você perde sua compaixão de vista.
6. Você espera demais dos seus filhos.

Vamos ver mais de perto cada uma dessas conseqüências da paternidade acelerada.

1. VOCÊ COMEÇA A SER HABITUALMENTE REATIVO EM VEZ DE SENSÍVEL

Uma mente ocupada e acelerada também é nervosa, agitada e facilmente incomodada. Quando a sua mente está operando num ritmo rápido demais ou quando você está levando seus pensamentos demasiadamente a sério, o menor desvio dos seus planos pode parecer uma grande catástrofe. Em vez de responder de maneira apropriada, no momento presente, você rapidamente exagera as coisas além de qualquer proporção, sentindo-se agitado e irritado. À medida que a sua mente se afasta do momento presente, você se afasta cada vez mais da eficiência e vai na direção de uma maior reatividade. Quanto mais rápidos seus pensamentos levam você, mais rápido os seus sentimentos agitados são traduzidos num comportamento zangado ou frustrado, que pode alimentar ainda mais qualquer questão que envolva você e seu filho. Essa dinâmica é verdadeira, independentemente de o seu filho ser uma criança inquieta de dois anos ou um adolescente apático.

Pense nisto: se uma visita derramasse um copo de suco na mesa da cozinha, você provavelmente responderia dizendo: "Não se preocupe, vamos limpar isso. Você quer outro copo?" Mas se o seu filho fizesse exatamente a mesma coisa, você poderia reagir de modo bastante diferente: "Como você pode ficar derramando suco no chão? É a terceira vez que você fez isso esta semana!" Quando a sua mente se afasta do momento presente e começa a revisar com quanta freqüência esse incidente ocorreu ou ensaiar quantas vezes isso vai acontecer de novo, os sentimentos negativos são um resultado previsível. Resumindo, uma mente reativa é como uma colméia cheia de abelhas zumbindo e sem espaço nenhum de sobra. A qualquer momento, a sua mente provavelmente vai explodir – e quando isso acontecer, o resultado será o caos.

Uma mente sensível, operando na velocidade da vida, contudo, é muito diferente. Uma mente sensível lida com as situações à medida que elas aparecem. Um copo de suco derramado é só aquele copo derramado de suco. Nada mais, nada menos. Nenhum pensamento é acrescentado. E o mesmo é verdade com questões mais significativas. Se o seu filho se mete em problemas e a sua mente está calma, você vai estar numa posição melhor para ajudar do que se estiver com uma mente cheia de preocupações, revisando mentalmente erros passados ou antecipando problemas futuros.

Para ser um pai eficiente, você precisa manter seu equilíbrio e ser capaz de responder a cada desafio, e quando ele surge, sem a distração de uma mente reativa. O reconhecimento de pensamento é a chave para manter um estado de espírito sensível e viver na velocidade da vida. O reconhecimento de pensamento cria uma mudança no seu pensamento, permitindo que você mantenha a perspectiva.

2. VOCÊ VÊ O COMPORTAMENTO NEGATIVO DE UMA MANEIRA PESSOAL EM VEZ DE VER A INOCÊNCIA

Outro efeito da mente acelerada é uma tendência de levar o comportamento, especialmente o comportamento negativo, de uma maneira muito pessoal. Quando a sua mente está girando a uma milha por minuto, você tem uma visão míope, se concentrando apenas no modo como o comportamento o está afetando; vai ter uma tendência de atribuir motivos ao comportamento do seu filho. Quando seu filho está sendo malcriado, por exemplo, você vai tender a acreditar que o comportamento negativo está sendo feito com a finalidade de atingir você ou vai acreditar que o comportamento é uma reflexão da sua pouca habilidade como pai ou mãe. O pensamento frenético e de mente ocupada geralmente faz com que você leve seus pensamentos demasiadamente a sério. Como seus pensamentos estão disparando tão rapidamente, você não tem tempo o bastante para a reflexão necessária. Portanto, você reage aos seus próprios pensamentos, transformando o que seriam pensamentos passageiros em terríveis ataques de pensamento. Um pensamento como "Puxa, eu gostaria que os garotos não brigassem tanto" rapidamente se transforma em "Meus filhos estão sempre brigando. O que há de errado com eles? O que eu fiz de errado?" Um pensamento leva a outro, e depois a outro, até que o estresse da paternidade pareça grande demais para ser suportado. Você perde a objetividade.

É difícil ver a inocência do outro quando a sua mente está ocupada analisando e calculando motivos e planos. Uma mente ocupada pode convencer você de que os atos dos seus filhos se devem a alguma falha inata neles ou em você. Se o seu adolescente quer privacidade ou se sua mente está se movendo rápido demais, vai ser difícil manter a objetividade, já que você vai ter uma tendência a ler na situação. Você pode reagir com pensamentos assim: "Por que ele me odeia?" ou "O que eu fiz de errado?"

Uma mente operando na velocidade da vida, contudo, pode ver as coisas como elas realmente são. Desacelerar dá a objetividade de que você precisa durante os períodos de transição e estresse. Quando você opera na velocidade da vida e seu filho deseja privacidade, provavelmente vai se lembrar de que a maioria dos adolescentes atravessa fases de querer um espaço afastado dos pais. Você provavelmente também quis na idade deles. Em vez de levar a questão num nível pessoal, você vai ver o quadro maior. Se está operando na velocidade da vida e pensou "gostaria que os garotos não brigassem tanto", provavelmente vai ter o pensamento sem uma grande dose de agitação mental. Vai lembrar-se do potencial que sua mente possui de aumentar esse pensamento além de toda proporção. Vai lembrar que agora você é o pensador e que, assim, precisa ter o poder de controlar seus pensamentos. Se você perder o controle, o reconhecimento de pensamentos, vai guiar seu pensamento de volta para a velocidade da vida.

3. OS PEQUENOS EVENTOS VIRAM MANCHETES DE PRIMEIRA PÁGINA

Quando o seu pensamento está acelerado, as coisas pequenas podem facilmente se transformar em notícias de primeira página. Por exemplo, o seu filho pode dizer alguma coisa que você não aprova: "Detesto a escola." Em vez de levar isso no ritmo apropriado, você elabora a frase numa coisa ainda maior. "Como assim, você detesta a escola? Aprender é importante. Você precisa da escola para ser alguém na vida. O que há com você?" A pequena afirmação do seu filho, provavelmente feita num momento de mau humor, se torna material de manchete na sua mente. Em vez de ouvir "detesto a escola" e deixar as coisas assim, você transforma a frase em uma notícia importante: "Criança Detesta a Escola." Maiores detalhes na página seis!

Quando a sua mente está se movendo rápido demais, os eventos, assim como seus pensamentos sobre esses eventos, se tornam muito maiores do que realmente são. Isso faz com que você perca a objetividade, o que, por sua vez, faz com que manter a ligação com o seu filho seja praticamente impossível.

Novamente, a solução é desacelerar seu pensamento e lembrar-se de que você é o pensador que está exagerando esse evento além de qualquer proporção. Quando a sua mente se desacelera até chegar à velocidade da vida e você possui o reconhecimento de pensamento, o seu pensamento entra no modo de livre fluxo e você é capaz de recordar-se do papel do seu próprio pensamento na situação. Quando sua mente está pensando rápido demais, a vida parece estar acontecendo com você, mas quando a vida se desacelera, você pode ver sua parte no processo.

4. VOCÊ PERDE OS BONS TEMPOS

Como terapeutas, vimos centenas de pais que perderam alguns dos momentos mais preciosos de criar seus filhos. Um ano e pouco atrás, Richard estava numa praia do Havaí com sua esposa e as duas filhas. Dois casais estavam perto deles, com cinco crianças juntas. Da hora em que sentaram na areia até o minuto em que foram embora, essas pessoas não pararam de planejar suas férias um momento sequer – e estavam no meio delas! Richard e sua esposa ouviram-nas discutindo onde iam jantar, como iam se divertir "amanhã", como seria ótimo assistir ao pôr-do-sol "mais tarde", assim como dúzias de outros planos orientados para o futuro.

Enquanto isso, as cinco crianças tinham construído, brincado e eventualmente destruído uma das mais incríveis estruturas de areia que Richard já vira. Elas tinham se divertido tanto e dado tantas gargalhadas que ele pensou que elas seriam arrastadas na hora de ir embora. Infelizmente, os quatro pais perderam todo o show. Todos os momentos tinham chegado e ido embora. Eles estavam tão ocupados planejando o quanto *iam* se divertir que se esqueceram de realmente se divertir! Uma das nossas citações favoritas resume esse cenário demasiadamente comum: "A vida é o que acontece enquanto estamos ocupados demais fazendo outros planos."

Obviamente, há um momento para planejar e há um momento para não prestar atenção nos seus filhos. Mas aquele dia na praia, no Havaí, não era nenhum desses dois momentos. E a maioria de nós faz numa base regular o que aqueles dois casais estavam fazendo. Os anos com nossos filhos passam lentamente enquanto estamos ocupados fazendo outros planos. Em vez de escutar nossos filhos, nossa mente está em algum outro lugar, ocupada, planejando um evento mais apreciável. Em vez de abraçar nosso bebê, estamos ocupados ansiando pelo dia em que teremos mais tempo para nós mesmos. Em vez de apreciar o jantar de família à noite, estamos ocupados planejando um momento melhor na semana que vem, no restaurante. Em vez de viver no fluxo, apreciando cada passo pelo caminho, passamos tempo demais no modo de processo, planejando nossa vida, que vai começar mais tarde. Planejar, planejar, sempre planejar. Algum dia vai ser sempre melhor do que hoje – ou pelo menos pensamos assim.

Já vi pais tão ocupados em tirar boas fotografias de algum evento especial com seus filhos que eles perdem o evento real; já vi pais perderem os primeiros passos de seus filhos porque estavam muito ocupados tirando fotos, só que a câmera não estava funcionando, e vimos pais perderem grande parte do casamento da filha única fazendo a mesma coisa com uma câmera de vídeo. Existe uma crença comum de que vamos olhar para as fotos mais tarde e, então, vamos realmente apreciar o evento. Enquanto isso, está tudo acontecendo bem aqui e nesse exato momento.

Idealmente, podemos nos tornar mais conscientes da beleza do aqui e agora; podemos lentamente acelerar a velocidade da vida o bastante para reconhecer que a vida está acontecendo agora mesmo, neste exato momento. À medida que você aperfeiçoar sua capacidade de manter a atenção neste momento, apreciará muito mais os momentos especiais de sua vida com seus filhos.

5. VOCÊ PERDE SUA COMPAIXÃO DE VISTA

Uma mente calma, operando na velocidade da vida, é uma mente compassiva. Uma mente acelerada é uma mente que pensa rápido demais, muitas vezes perdendo a objetividade e a compaixão.

É difícil ser um filho – tanto na infância quanto na adolescência. Cada idade possui seus desafios únicos e seu próprio conjunto de limitações. Quando sua mente está se movendo rápido demais, você pode facilmente perder esse fato de vista. Quando as coisas não estão indo bem ou quando o comportamento não é perfeito, você tende a reagir de maneira demasiado rígida, sem compaixão. Como você facilmente se incomoda e está pensando as coisas rápido demais, vai culpar seu filho quando não é necessário culpa nenhuma. Em vez de lembrar-se de que as crianças muitas vezes aprendem através do conflito e tendo compaixão para a dificuldade de estar em tanto conflito, você reage exageradamente e acusa seu filho de ser "zangado demais" ou "frustrado demais".

Quando sua mente se desacelera e você está num funcionamento psicológico saudável, é fácil permanecer compassivo. A sua perspectiva é mais ampla; você se recorda da sua própria infância e como ela foi frustrante em algumas ocasiões. O seu coração permanece aberto, mesmo em meio ao caos, o que estabelece o melhor exemplo possível. Isso, por sua vez, ajuda seus filhos a acreditar que você está presente para eles, mesmo naqueles períodos em que eles estão agindo de uma maneira um pouco louca. A longo prazo, eles vão adorar você por isso.

6. VOCÊ ESPERA DEMAIS DOS SEUS FILHOS

Um dos principais problemas associados com uma mente ocupada nos anos de paternidade é que uma mente acelerada – uma mente que leva seus pensamentos demasiado a sério – muitas vezes espera demais de outras pessoas, especialmente dos filhos. É fácil compreender isso quando você pensa em como pode ficar facilmente irritado quando tem coisas demais na sua cabeça ou quando está ocupado demais. Para ser bastante simples, quando você está irritado, tem pouca tolerância; você espera um comportamento quase perfeito e um desempenho quase perfeito. Quando isso não acontece, fica irritado, incomodado. E se é como a maioria das pessoas, você deixa os outros saberem sobre sua insatisfação.

Quando você espera demais dos seus filhos, eles percebem direta ou intuitivamente. Sentem que não são apreciados, como se não fossem bons o bastante, uma experiência que, muitas vezes, resulta na baixa auto-estima e mesmo no comportamento desviante.

Se você desacelera até chegar à velocidade da vida, imediatamente nota como tem mais tolerância para seus filhos e como é mais capaz de aceitá-los. Espera menos e aprecia mais. Uma mente operando na velocidade da vida aceita as coisas – e as pessoas – pelo que são, neste exato momento. Você ainda encoraja seus filhos para serem o melhor que puderem, mas não exige que eles sejam melhores do que são para merecer o seu amor. O resultado é que seus filhos irão sentir-se mais amados e respeitados, o que aumentará seu sentimento de dignidade própria.

Resumindo, quando desaceleramos até chegar à velocidade da vida e aprendemos a viver no momento presente, podemos eliminar a maior parte da ansiedade associada com a criação dos filhos.

Desacelerar permite que você ganhe acesso ao seu funcionamento psicológico saudável, o que o ajuda a manter uma visão objetiva das coisas – o bom e o mau, o fácil e o difícil, as alegrias e as tristezas. Você vai lidar com tudo se mantendo em movimento, enquanto ao mesmo tempo terá ainda mais paixão e desejo pela vida. Quando você perder essa paixão, desacelerar até a velocidade da vida vai ajudá-lo a recuperar rapidamente sua objetividade com tranqüilidade e graça.

Um dos benefícios-chave da saúde mental é a paz que você sente. Quando você está se sentindo bem – quando tem o que deseja num sentido emocional –, a vida é muito mais fácil de digerir; as coisas (incluindo os seus filhos) não precisam ser perfeitas para que você seja feliz. As mesmas questões que podem tirar você do sério, frustrá-lo e incomodá-lo quando está com a mente acelerada podem ser abordadas com uma objetividade e sabedoria maior quando aproximadas num estado de espírito mais calmo e saudável.

OS BENEFÍCIOS DA DESACELERAÇÃO

Agora que passamos em revista alguns dos problemas que são causados por uma mente acelerada na paternidade, vamos discutir o que acontece com você, como pai, quando desacelera até chegar à velocidade da vida. Identificamos sete benefícios primários da desaceleração.

1. *A sua experiência cotidiana será ampliada. Momentos ordinários se tornaram belíssimos.*Desacelerar até chegar à velocidade da vida permite que você aprecie momentos ordinários como se fossem extraordinários. Uma mente que está no momento presente de maneira que é capaz de ver, escutar e experimentar os momentos da vida de uma maneira totalmente nova, com a consciência ampliada. Aspectos da vida a que você costumava não dar atenção agora podem ser vistos com um olhar mais aguçado e respeitoso.

Você torna-se capaz de apreciar a magia e o incrível milagre da vida, quem sabe pela primeira vez. À proporção que a mente de Richard se desacelerava, por exemplo, ele notou que sua necessidade de atividades especiais tinha diminuído. Em vez de esperar por um fim de semana na praia para se divertir com os garotos, ele descobriu que sentar-se junto com eles nas escadas para conversar ou sentar ao ar livre e ver o dia passar possui essencialmente o mesmo valor. Quanto mais relaxado ele se tornou, mais apreciou seus momentos ordinários e cotidianos.

Apreciando o milagre da paternidade, muitas das coisas que costumavam incomodá-lo parecerão insignificantes na sua mente. Assim como um doente que descobre que tem seis meses de vida começa a apreciar a existência como nunca fez antes, uma pessoa que desacelera até chegar à velocidade da vida e ganha acesso ao funcionamento saudável começa a ver que muito do que nos irrita como pais não importa tanto assim. E quando você não está ocupado demais ficando irritado, a sua energia e atenção se concentram na beleza da vida e na felicidade de partilhá-la com seus filhos.

2. *Você vai se tornar menos reativo e mais sensível.* A pressa constante e a aceleração acabam consumindo o sistema nervoso.

Uma mente que está se movendo rápido demais perde o controle sobre si mesma e o pensamento sensível é substituído por uma série contínua de reações. Com uma mente acelerada, você fica menos capaz de reconhecer quando está preso em pensamentos sobre seus filhos. Quando você desacelera até chegar à velocidade da vida, nota que seu pensamento passará a um estado mais reflexivo. A paz e a sensibilidade com seus filhos substituirão as reações. Usando a analogia do beisebol, a bola vai parecer estar vindo na sua direção em câmera lenta em vez de disparada de uma arma, e suas respostas aos desafios da paternidade igualmente serão mais comedidas e certas.

3. *Seus sentimentos amorosos e a apreciação que você tem pelo dom da paternidade aumentarão.* Já discutimos como uma mente acelerada encoraja você a perder os bons momentos com seus filhos. De uma maneira similar, quando a sua mente está se movendo rápido demais, ela não está disponível para receber muitos dos sentimentos

amorosos que acompanham a paternidade. Simplesmente, a mente está ocupada demais se movendo em outras direções; está em toda parte, menos aqui! Se você se desacelera até chegar à velocidade da vida, contudo, a sua mente vai ficando num estado muito mais receptivo. Isso permite que aprecie a felicidade da paternidade e oferece o espaço para que você se sinta agradecido.

A gratidão é um sentimento natural que está presente quando a mente não é distraída por pensamentos de sobrecarga e angústia. Quanto mais orientado para o momento presente você se torna – mais você desacelera o seu pensamento –, mais gratidão você sentirá.

4. *Você servirá de modelo para um comportamento pacífico e desacelerado.* Como parece para as crianças – que imagens silenciosas você está enviando para elas – quando você corre freneticamente pela casa recordando-as da pressa que elas deveriam sentir? Já vimos pais frustrados gritando com os filhos para que relaxassem! Infelizmente, as crianças usam como modelo nosso comportamento frenético. Se gritarmos, elas também vão gritar. Quando você se desacelera até chegar à velocidade da vida, vai perceber algo bastante interessante: seus filhos também vão desacelerar.

À medida que nos acalmamos, oferecemos o ambiente para que os outros façam o mesmo. Geralmente, se podemos ganhar acesso à nossa saúde mental, limpar nossa mente e relaxar, nossos filhos também sentirão nossa calma e também começarão a se acalmar. Richard, certa vez, estava num terrível engarrafamento com suas duas filhas pequenas no carro. Ao seu redor, ele podia ver os pais frustrados no mesmo barco. Em todos os casos, quando os pais pareciam frustrados, as crianças estavam visivelmente abaladas. Observar os outros pais ajudou Richard a experimentar o reconhecimento de pensamento, que criou uma mudança no seu próprio pensamento. Ele se acalmou até ficar totalmente relaxado. Escolheu uma música relaxante no rádio para substituir o noticiário. Quase instantaneamente e como num passe de mágica, suas duas filhas também ficaram relaxadas. A mais jovem adormeceu no colo da mais velha. Uma situação potencialmente frustrante se transformou numa experiência bastante agradável.

5. *Você elimina os arrependimentos potenciais por não ter estado presente para seus filhos.* Quando você está verdadeiramente presente para seus filhos – quando a sua mente não está preocupada com distrações da vida cotidiana e você está pronto para focalizar sua atenção no momento presente –, não vai ter de se preocupar que seus filhos recordem sua infância e digam "meu pai (ou minha mãe) não estava presente para mim". As crianças, muitas vezes, sentem-se assim, não porque seus pais estavam fisicamente ausentes (muito embora isso possa ter sido verdade), mas porque seus pais estavam fisiologicamente ausentes. Mamãe e papai estavam pensando sobre o que tinha acontecido naquela manhã e no que ia acontecer naquela noite e tudo que tinham feito nesse intervalo.

As crianças, ainda mais que os adultos, sentem essa distância psicológica, essa ausência da verdadeira participação. Elas acham que não estamos interessados nelas – que não há tempo o bastante e que não são tão importantes quanto tudo mais.

Estar presente para seus filhos não significa necessariamente passar mais tempo com eles, mas estar mais presente com eles quando vocês estão juntos. Quando você vai se tornando mais presente, o que acontece naturalmente quando desacelera até chegar à velocidade da vida, você vai descobrir quanto seus filhos irão sentir-se mais satisfeitos, como se houvessem compartilhado uma boa dose de tempo de qualidade.

A vida é uma série de momentos, um depois do outro. Se você está presente num momento de cada vez, então quando "algum dia" chegar, não vai ter arrependimentos – e seus filhos também não.

6. *A sua sabedoria virá à tona e você vai saber que ações deve realizar e que decisões deve tomar para levar seus filhos a desenvolver seu potencial máximo.* Um dos medos que muitas pessoas têm quanto a se desacelerar é o de ficaram muito relaxadas ou preguiçosas; elas não vão puxar o bastante pelos seus filhos ou não vão ajudar seus filhos a alcançar seu potencial maior. Na verdade, o que ocorre é o oposto. Se você se desacelera, a sua sabedoria vem à tona e fornece as respostas de que precisa. Quando você está acelerado, tende a repetir erros e a tomar decisões impensadas e habituais. À medida

que a sua mente vai desacelerando, contudo, respostas e decisões novas e criativas vão substituir as decisões habituais de fazer as coisas. Vai notar que, enquanto o tempo passa e você está envolvido num pensamento de livre fluxo, passará a enxergar além do seu comportamento e defeitos presentes, e também perceberá o potencial humano que está dentro deles. Ver seu potencial inato parece puxar pela saúde mental inata oculta dentro de seus filhos. Estudos da resistência de crianças de lares disfuncionais que cresceram e se tornaram saudáveis mostram um denominador comum; algum adulto significativo nas suas vidas acreditou neles e viu seu potencial. Nunca desista do poder da saúde mental inata nos seus filhos.

7. *Você vai parar de pensar que a paternidade é tão difícil.* Quando a sua mente está numa correria – quando você presta atenção demais aos pensamentos que voam dentro dela –, sente uma quantidade enorme de estresse. Há coisas demais em que prestar atenção e coisas demais na sua cabeça. Quando o seu pensamento está ativo demais, a paternidade parece dirigir num engarrafamento; tudo parece confuso e caótico. As coisas pequenas acabam pegando você. Resumindo, a paternidade parecerá difícil.

Mas quando você desacelerar até chegar à velocidade da vida, tudo vai parecer mais claro, incluindo as respostas a perguntas difíceis. Em vez de sentir que está dirigindo num engarrafamento, você vai sentir como se estivesse dirigindo sozinho numa estrada do interior. A vida parece chegar até você em ritmo mais lento, dando mais tempo de responder e de ver o quadro mais amplo. Ou seja, ser um pai vai parecer mais fácil.

ESTRATÉGIAS PARA DESACELERAR ATÉ CHEGAR À VELOCIDADE DA VIDA

Existem sete estratégias provadas para desacelerar e se tornar um pai mais relaxado, eficiente e amoroso. Implementando cada uma dessas estratégias na sua vida, você vai dar passos valiosos na direção da sua meta de desacelerar até chegar à velocidade da vida.

1. Tornar-se mais orientado para o momento presente

Uma das chaves primárias para a paternidade eficiente e feliz é igual à chave para desacelerar até chegar à velocidade da vida: aprenda a viver mais da sua vida neste momento. Grande parte do tempo estamos revisando algum aspecto da nossa experiência que já acabou – a briga desta manhã entre irmãos, o boletim escolar de notas baixas do último semestre, os comentários desrespeitosos da última noite. Ou então estamos ensaiando para um futuro desconhecido ou temido – e se minha filha não entrar na faculdade? O que vai acontecer se nossos filhos não se derem bem nas nossas férias? E se Sara não puder fazer novos amigos? Todas essas preocupações (e centenas de outras semelhantes), passadas e futuras, são só pensamentos.

Pense nisto:

Imagine que a sua vida é uma linha de tempo.

Você nasceu ______ este exato momento _____ momento da sua morte.

Considere tudo que já aconteceu com você na sua vida como se existisse neste exato momento – memórias agradáveis, momentos embaraçosos, momentos de paixão e tristeza, dor, sucesso, fracasso. Neste momento da sua vida, olhando para trás, em que reino estão todas essas coisas? É uma realidade verdadeira ou são meramente pensamentos na sua cabeça? Se você acha que estão no reino do pensamento, acertou. Se você desmaiou numa aula discursiva pública (como Richard fez no segundo grau), já não é mais real, é só memória. Se você foi uma líder de torcida no segundo grau há trinta anos, agora só é um pensamento. Toda e qualquer coisa que tenha acontecido na sua vida existe apenas na memória.

Agora pense no futuro. Tudo que algum dia acontecerá com você no futuro é, neste exato instante, apenas um pensamento; ainda não aconteceu. Você não pode tocá-lo; você só pode antecipá-lo, pensar nele. Você pode ficar rico e famoso, ou pobre e desvalido, mas seja lá o que acontecer, neste instante é só um pensamento.

Isso deixa você com este momento e só com este momento! O momento presente é o único momento "real" que existe no tempo real – agora. Mas lembre-se, este momento também está constantemente mudando e também é experimentado através do pensamento. O momento desaparece e é substituído pelo momento seguinte e assim por diante.

Este exercício ajuda a enfatizar como este momento é, na verdade, precioso, lembrando você de que todos os outros momentos são apenas uma ilusão. Este momento é o único momento que existe. Aprecie cada momento novo em vez de se concentrar em momentos que já passaram ou que ainda vão acontecer e você vai operar na velocidade da vida. Quando o fizer, sua experiência da paternidade será transformada. Lembre-se, uma mente que não é distraída com seus próprios pensamentos sobre o passado ou futuro é capaz de tomar decisões sábias e apropriadas.

Deixe-nos enfatizar que é possível que seu filho tenha realmente algumas dificuldades para fazer novas amizades (preocupação futura) ou que ele tenha se envolvido em algum tipo de problema (fato do passado). Contudo, isso não altera o fato de que, neste lugar e neste momento, todas as preocupações passadas e futuras são apenas pensamentos na sua mente. Não estamos passando uma receita para a negação, fingindo que a vida é diferente do que ela realmente é. Ao contrário, é uma verificação da realidade, uma recordação de que a única verdadeira unidade funcional da sua vida é este exato momento. Todo o resto está na sua imaginação.

PENSE NA POSSIBILIDADE

Limpe sua mente do máximo de pensamentos que puder, e esteja aqui – neste momento. Respire fundo algumas vezes e relaxe. Traga à sua mente uma preocupação que você tenha sobre alguma coisa que você não aprovou que aconteceu com um dos seus filhos. Talvez ele tenha se metido em confusão ou não tenha tido uma nota boa num teste. Perceba que a sua preocupação foi avivada pelo seu pensamento. Agora, volte a esse momento e reconheça que, seja qual tenha sido a sua

preocupação, ela só é verdadeira agora no reino do pensamento. Não é mais real; é só um pensamento.

Agora, faça a mesma coisa com uma preocupação orientada para o futuro, como, por exemplo: "A minha filha vai ser capaz de fazer amigos na sua nova escola?" Mais uma vez, note que a sua preocupação, neste momento presente, é só um pensamento. À medida que você traz sua atenção de volta para este momento, vai ficar consciente de que a sua preocupação é só um pensamento. O único momento real está acontecendo agora. Essa compreensão libera você da prisão do passado e do medo do futuro. Ela ajuda você a se desacelerar até chegar à velocidade da vida, mantendo sua atenção no único momento sobre o qual você tem algum controle – o presente.

Finalmente, quanto a viver no momento presente, não cometa o erro, como tantos fazem, de mistificar a experiência ou de torná-la complicada demais. Experimentar o momento presente não é nada mais do que ver a vida no modo de livre fluxo em vez de a partir da memória. É só isso. Com a sua atenção no aqui e agora, você vai desacelerar até chegar à velocidade da vida.

2. Aprenda a aceitar cada momento à medida que ele surge

Explore a beleza e o caráter único deste momento em vez de antecipar como o momento seguinte será maravilhoso, ou de se lembrar como foi especial um momento passado.

Cada momento é novo e único. Você nunca teve esse momento antes e nunca o terá novamente. Se você explora a beleza dos seus momentos sempre cambiantes se tornando mais orientado para o momento presente, você vai lutar cada vez menos com seus momentos e vai substituir seus julgamentos com amor e apreciação.

Em vez de julgar cada momento como bom ("eu gosto deste") ou mau ("não gosto deste aqui"), veja se, em vez disso, você pode aceitar seus momentos do modo como eles vêm até você, permanecendo no seu modo de livre fluxo. E quando você perceber que está saindo do modo de livre fluxo (reconhecimento de pensamento), vai descobrir que o seu pensamento está fazendo as alterações apropriadas. Você pode ser confrontado com um novo desafio ou obstáculo ou pode ter uma oportunidade de aprender alguma coisa nova.

Uma coisa é certa: como um pai, você vai algum dia – talvez mais cedo do que espera – recordar suas experiências e se perguntar: "Por que me preocupei tanto com aquilo?" Aceitando cada momento à medida que ele surge, você eliminará uma boa dose de arrependimentos futuros.

Vamos compartilhar uma história engraçada sobre ser tocado – ou não ser tocado, de acordo com o caso – pela vida ordinária. Um casal que conhecemos estava tirando férias no Havaí. De pé, numa praia, os dois assistiam a um belíssimo pôr-do-sol, mal podendo acreditar naquela magnífica visão. Uma mulher aproximou-se deles quando ouviu a esposa dizer "Nem acredito, é tão lindo". Enquanto se afastavam daquele espetáculo magnífico, a mulher replicou: "Vocês deviam ver o pôr-do-sol no Taiti."

Quando a sua atenção não está no momento presente e sim em algum outro lugar, você tende a comparar as boas experiências com outras, como essa viajante fez, ou vai se perguntar sobre experiências futuras em vez de apreciar a que você está tendo. À medida que aprende a aceitar e a apreciar cada momento quando ele surge, a paternidade, assim como o resto da sua vida, vai se tornando viva novamente, oferecendo a alegria e satisfação que deveria possuir.

3. Reduza seus ataques de pensamento ao mínimo

A paternidade é um aspecto da vida que muda muito rapidamente, de momento para momento. Muitas vezes, você tem pouco ou nenhum aviso quando algo alarmante acontece; seu filho leva um tombo e rala o joelho, os irmãos brigam, você recebe um telefonema perturbador da escola, ele berra quando você exerce autoridade e assim por diante. Às vezes, parece que a paternidade é uma emergência depois da outra. Por este motivo, a paternidade é um campo comum para ataques de pensamento.

Ataques de pensamento ocorrem com mais freqüência quando alguma coisa vai errado. Algo inesperado acontece e quase instantaneamente a sua mente toma conta e enfeita a história. Quando as filhas pequenas de Richard começam a brigar, por exemplo, os seus pensamentos tendem a aparecer com idéias como: "O que estou fazendo de errado?", "Kris [sua esposa] e eu não discutimos assim, onde elas aprenderam toda essa raiva?" Se ele não mantiver seus pensamentos sob controle notando-os (reconhecimento de pensamento), ele poderá facilmente permitir que seu pensamento saia do controle. Mas se ele observar o que está acontecendo, vai ocorrer uma mudança no seu pensamento, trazendo com ela a paz interior.

Quando a sua mente está tranqüila e seu ambiente está calmo, a paternidade é fácil e recompensadora. Mas quando as coisas ficam caóticas e fora do controle, os problemas começam e a sua mente provavelmente vai ficar acelerada. É nesse momento que é essencial manter seus ataques de pensamento sob controle. Reconheça o seu pensamento desde cedo, fazendo com que ocorra uma alteração apropriada e tudo estará bem.

PENSE NA POSSIBILIDADE

Imagine que você está vendo um filme assustador sobre tubarões. Você trouxe um arpão para o cinema? É claro que não! O motivo por que você pode assistir a um filme assustador, comer pipoca e balas, e depois sair do cinema com uma quantidade mínima de medo é que você sabe que "é só um filme".

O seu pensamento é muito parecido com um filme. Na verdade, seu pensamento é para a sua realidade pessoal o mesmo que as cenas do filme que está vendo na tela. Em ambos os casos, o que você está experimentando parece real, mas em nenhum dos dois casos isso é verdade. No caso do filme, é só uma projeção na tela. No caso dos seus pensamentos, são só pensamentos. Eles não têm o poder de ferir você sem seu consentimento – sem que *você* os leve demasiado a sério.

Manter essa perspectiva em mente faz maravilhas quando você está experimentando um ataque de pensamentos, grave ou leve. Na próxima vez em que seu pensamento ficar descontrolado porque seu filho adolescente chegou muito tarde ou porque seu filho no maternal acabou de arrumar uma briga, respire fundo e lembre-se de que seu pensamento é como um filme; parece real, mas ainda assim é o seu pensamento. Provavelmente, você vai descobrir que está revendo uma experiência passada dolorosa ou frustrante ou está antecipando algo que ainda vai acontecer. Na maioria dos casos, não vai estar no momento presente. Se puder manter seus ataques de pensamento sob controle, vai descobrir que desacelerar até chegar à velocidade da vida é um empreendimento realizável.

---

4. Pratique o reconhecimento de pensamento logo no início

Quando você perder o controle, reconheça que foi o seu pensamento e não o seu filho que fez com que isso acontecesse. Todos os ataques de pensamento paternos começam pequeninos e inocentes. Alguma coisa acontece relacionada com seu filho ou filhos e um pensamento vem à sua mente. Há pouco tempo, Richard estava em Nova York numa viagem de negócios quando recebeu uma chamada telefônica de emergência da sua esposa no sistema de recados do hotel. Alguma coisa acontecera com Kenna, sua filha mais nova.

Infelizmente, o sistema de recados cortou a mensagem da sua esposa, por isso grande parte da mensagem ficou na sua imaginação – e ele realmente começou a imaginar! Ele sabia que Kenna estava machucada, mas não sabia com que gravidade. Seus pensamentos começaram a girar rapidamente. "Devo cancelar minha viagem e voltar para casa? O que aconteceu? De quem foi a culpa?" Até mesmo a assustadora pergunta "ela vai sobreviver?" entrou de alguma maneira no seu pensamento. Ele estava ficando perturbado e assustado.

Felizmente, ele despertou para o fato de que estava pensando, envolvido num ataque de pensamento avantajado. Experimentou uma alteração na qualidade do seu pensamento e percebeu que era o pensador que estava preso no modo de processamento. Essa consciência salvou sua sanidade, assim como o resto da sua viagem. Ao dar um passo para trás, pôde contemplar seu pensamento: ele estava girando, criando os cenários de pior situação possível, detalhando até mesmo as piores possibilidades. Quase imediatamente, a alteração no seu pensamento o acalmou e o trouxe de volta para o presente, o que permitiu que sua sabedoria viesse à tona.

Num estado de espírito mais tranqüilo, percebeu que se o ferimento fosse grave, sua esposa certamente teria feito a recepção do hotel deixar uma mensagem na sua porta. Sua sabedoria retornou. Sua mente mais tranqüila também lhe deu pistas de como poderia ligar para descobrir onde estavam sua esposa e filha. Felizmente, o ferimento não era sério, só um tornozelo torcido. Foi provavelmente mais duro para sua esposa do que para sua filha. Afinal de contas, foi ela quem teve de carregar vinte quilos de criança frustrada durante os três dias seguintes!

O reconhecimento adiantado do pensamento pode poupar-lhe muita frustração paterna. O momento de verdadeiro reconhecimento de pensamento é aquele em que você começa a desacelerar até a velocidade da vida e a utilizar uma fonte maior de sabedoria. O reconhecimento de pensamento antecipado traz consigo paz, serenidade e calma. Lembre-se, contudo, de que o reconhecimento de pensamento ocorre por conta própria quando você sabe da sua importância. Não há necessidade de tentar consegui-lo ou de sair por aí procurando o reconhecimento de pensamento. Ele vai acontecer cada vez mais cedo simplesmente porque você sabe como é importante desacelerar até chegar à velocidade da vida.

5. Veja os humores com compaixão

No capítulo anterior, descobrimos que quando você está de mau humor, as coisas pequenas podem parecer grandes problemas e os grandes problemas podem parecer quase impossíveis de se lidar. Os problemas parecem insolúveis e se assemelham à ponta de um iceberg. Você tem muito pouca objetividade e, como se sente desesperançado e negativo, tende a esquecer as alegrias da paternidade. De mau humor, você reage exageradamente e, muitas vezes, oferece conselhos que não são escutados ou desejados.

No entanto, como dissemos anteriormente, devido à urgência que você sente, é durante seu mau humor, quando sua capacidade está limitada, que você vai tentar tomar decisões importantes e resolver problemas complicados. Você reage aos seus sentimentos negativos com pensamento e comportamento negativos.

A mesma dinâmica ocorre quando seus filhos estão de mau humor. Eles dizem e fazem coisas de mau humor que nunca diriam ou fariam num estado de espírito mais elevado. De mau humor, seus filhos não vão gostar de você; nos humores mais elevados, provavelmente vão amá-lo do jeito que você é. Nos humores piores, vão procurar e encontrar defeitos, inconsistências e falhas. Nesse estado de espírito negativo, seus filhos vão brigar uns com os outros e com você e vão fazer escolhas erradas. Não vão se sentir agradecidos por nada que você faça ou tenha feito por eles. Na verdade, eles provavelmente vão pensar na vida como um fardo.

Ser compassivo para com os humores, sejam eles dos seus filhos ou seus, é uma ferramenta poderosa na paternidade. Isso permite manter sua objetividade em casos do dia-a-dia, em que a maioria dos pais não consegue fazê-lo. Quando você está se sentindo em baixa, zangado, acelerado, aprisionado ou frustrado, ser compassivo com seu humor permite que você dê uma folga a si mesmo e que tenha algum espaço. Quando você compreende humores e tem a humildade de admitir que está de mau humor, pode fazer algumas compensações quanto ao modo como está se sentindo. Você diz coisas como "naturalmente vou reagir desse modo neste exato momento – é melhor não confiar no meu julgamento". Você aprende a esperar para resolver as coisas e a não levar tão a sério a si mesmo e as suas reações.

Mantenha essa mesma perspectiva em mente quando seus filhos estiverem por baixo. Você aprende a dar um tempo aos seus filhos – não para defender ou apoiar um comportamento negativo ou desrespeitoso, mas simplesmente para recordar como a vida parece distorcida num estado de espírito baixo.

Você pode, por exemplo, não ligar para o comentário do seu filho "Você nunca brinca comigo", ou para a reclamação da sua filha "Sou a única garota na escola que não tem seu próprio telefone". Um respeito saudável pelos humores permite que você se lembre de que, em períodos de mau humor, seus filhos não estão inventando essas declarações – a vida parece desse jeito nesse estado de espírito.

Para um pai, a compreensão dos humores é como dirigir numa chuva pesada, sabendo que a sua visão está prejudicada. Você pode precisar continuar dirigindo, mas sabe que precisa tomar cuidado.

PENSE NA POSSIBILIDADE

Imagine que está realmente de mau humor. Imagine que está apressado, irritado e nervoso. Agora, pense em dois ou três eventos cotidianos relativos ao seu papel de pai ou mãe. Aqui estão alguns exemplos: você passa por um quarto que parece um depósito de lixo, você nota que a pilha de roupas sujas é mais alta que você, alguém deixa marcas de lama no seu carpete, você escuta os garotos brigando como cão e gato por alguma bobagem.

Num péssimo humor, como essas coisas pareceriam para você? Provavelmente, se é uma pessoa honesta, responderá: "Horríveis!"

Agora, imagine esses mesmos eventos, só que desta vez você está num humor filosófico e alegre. Certamente, você preferiria não ter de lidar com esse tipo de coisa – ninguém gosta disso. Mas se está de bom humor, acha mais fácil lidar com a vida cotidiana. Não é que você goste de tudo que precisa fazer, mas, por outro lado, as coisas também não são nenhum cavalo de batalha. Você simplesmente precisa fazer o que é necessário e seguir adiante. Nos seus humores mais elevados, não precisa pensar tanto sobre as coisas; simplesmente faz o que está diante de você.

Se está de mau humor, não leve seu pensamento muito a sério. Não tente descobrir o que está errado com a sua vida ou o que está errado com seus filhos. Se o fizer, vai ficar frustrado. Uma solução melhor para quando você está de mau humor é limpar sua mente da melhor maneira possível e se desapegar. À medida que o seu humor melhora, soluções e respostas entrarão na sua mente tão certamente como os problemas fazem num estado mais negativo. Lembre-se, seu humor pode estar ruim, mas isso não significa que a sua vida seja um fracasso!

---

6. Pratique fazer uma coisa de cada vez

Um dos aspectos mais frustrantes da paternidade é o estresse criado ao tentar fazer coisas demais ao mesmo tempo. É bom praticar fazer uma coisa de cada vez sempre que possível. Fazer uma coisa de cada vez ajuda a desenvolver uma concentração calma mas impecável. Uma mente que é capaz de manter-se focalizada no que está fazendo é uma mente envolvida com o momento presente. E no momento presente, quando estamos conscientes do nosso pensamento, os ataques de pensamento não acontecem. Para ter um ataque de pensamento sobre raiva, medo ou sobrecarga, a sua concentração no momento precisa ser quebrada e a sua mente precisa perambular até o passado ou o futuro.

Richard lembra-se de uma época em que suas duas garotas levaram amigas para passar um tempo na casa. Muito embora a casa estivesse caótica, ele escolheu aquele momento particular para tentar organizar um armário. Ele espalhou coisas por todo o chão da sala ao mesmo tempo que pediam que ele fizesse o almoço, encontrasse isso e aquilo, atendesse o telefone, aceitasse entregas na porta e limpasse a cozinha. Ele se sentia completamente disperso, saltando de uma coisa para outra, nunca terminando totalmente o que ele resolvera fazer. Depois de uma hora, ele pensou que ia enlouquecer.

Felizmente, experimentou o reconhecimento de pensamento – notou que seu pensamento estava acelerado, fora de controle. Isso levou a uma passagem para um tipo mais calmo e lento de pensamento – seu modo de livre fluxo. Este fato o ajudou a lembrar-se da sabedoria de fazer uma coisa de cada vez. Ele decidiu deixar a bagunça no chão (algo muito difícil para ele) até que tudo houvesse se acalmado. Quando isso finalmente aconteceu, ele tirou o telefone do gancho durante uma hora e permaneceu concentrado no seu projeto para o armário. Depois de meia hora, estava tudo pronto. Que alívio!

O aspecto mais profundo de fazer uma coisa de cada vez é manter nossa concentração focalizada em uma coisa de cada vez. Muitas vezes, nosso pensamento é como uma montanha russa. Estamos lá em cima, lá embaixo e por toda a parte – correndo rapidamente. Quando isso acontece, não estamos no momento presente, mas em todos os outros lugares. Como nossos sentimentos também são pensamentos, esse pensamento disperso se transforma em tensão, agitação e estresse. Contudo, uma mente mais calma e concentrada num ponto pode ser cultivada, aprendendo a dar atenção única para o que quer que estejamos fazendo naquele momento. Essa compreensão simples impede que a tensão se desenvolva, porque nossa mente está repousando em vez de saltar em todo trem de pensamento que aparece.

7. Viva o máximo possível no modo de livre fluxo

Como já discutimos, o pensamento criativo é essencial para qualquer crescimento, mudança, desenvolvimento e evolução pessoais. Também é essencial para uma experiência pacífica da paternidade. Quando aprendemos a viver no modo de pensamento de livre fluxo na maior parte do tempo e reservamos o modo de processamento para tarefas que exigem planejamento, cálculo e análise, nossa vida e a experiência da paternidade se tornam muito mais fáceis e administráveis. Começamos a viver nos sentimentos profundos que acompanham o pensamento de fluxo – gratidão, alegria, relaxamento, compaixão e um senso de tranqüilidade.

Enquanto estamos no modo de livre fluxo, nosso pensamento é sensível, apropriado para a experiência presente que está diante de nós. Não estamos respondendo a partir de hábitos ou crenças do passado, e sim lidando com a situação de uma maneira criativa e apropriada.

O erro cometido por muitos pais é ficar tempo demais "nas suas cabeças" quando estão lidando com seus filhos. O esforço é fútil, já que como você provavelmente sabe, não há como decifrar seus filhos racionalmente. Tentar fazê-lo só leva à frustração e à confusão. Mesmo quando você consegue compreendê-los deste modo, em geral leva tanto tempo que eles já terão mudado novamente. É muito mais eficiente manter-se num estado de espírito reflexivo, que permite que você se ajuste às mudanças e aos desafios constantes que está encarando.

Como pais, sempre estamos lidando com filhos que estão mudando, crescendo e evoluindo. O que era apropriado ano passado já não é mais apropriado agora. A vida está mudando constantemente e precisamos fluir com as mudanças. Para saber o que é uma resposta apropriada, você não pode usar sua memória. Em vez disso, encontrará o rumo certo desapegando-se do seu pensamento analítico, limpando sua mente e esperando pacientemente pelas respostas da sua sabedoria. Esta sabedoria só pode surgir do modo de livre fluxo.

Já explicamos que limpar sua mente é muito parecido com deixar o sedimento baixar na água. Você simplesmente não faz nada, e o sedimento automaticamente baixa sozinho. Qualquer coisa que você tente fazer para baixar o sedimento só o agita mais. É por isso que você não pode tentar relaxar; relaxar é um subproduto natural do modo de livre fluxo.

O modo de pensamento de livre fluxo vai começar a alimentá-lo automaticamente com um fluxo de pensamentos que dará as respostas de que precisa e o ajudará a se desacelerar até chegar à velocidade da vida, permitindo que você se torne mais sábio e calmo. Confie no modo de livre fluxo e a sua experiência da paternidade será transformada.

RESUMO

Ao contrário da crença popular, a paternidade pode ser uma experiência agradável, sem a pressa, a correria e o estresse experimentados por muitas pessoas. A chave, como virtualmente em todas as áreas da vida, é desacelerar até chegar à velocidade da vida. Se pudermos aprender a ganhar acesso ao nosso funcionamento psicológico saudável, tomaremos decisões sábias que são apropriadas para a situação presente. Também apreciaremos o belo dom de criar filhos.

Capítulo 7

Trabalhando de uma maneira mais esperta

Eu tenho uma lareira a microondas.
Você pode ficar deitado diante dela
a noite inteira em apenas oito minutos.
STEPHEN WRIGHT, comediante

Muitas pessoas atribuem o ritmo frenético das suas vidas à natureza acelerada do seu trabalho. As exigências crescentes em relação ao tempo das pessoas numa era de redução de tamanho, corte de despesas, competição internacional e tecnologia melhorada fizeram com que os trabalhadores se sentissem inseguros, estressados e sobrecarregados com mais coisas para fazer em menos tempo. Quando as alterações são feitas, o fator humano muitas vezes é o último a ser considerado. As pessoas estão trabalhando mais tempo, com maior intensidade, mas estão trabalhando de uma maneira mais inteligente? O nível de eficiência está subindo ou descendo? Os trabalhadores estão satisfeitos com seus trabalhos? Os empregadores se preocupam tanto com seus acionistas e linha final de lucros que se esquecem dos seus empregados? Os empregados estão realmente felizes com suas vidas profissionais?

Neste capítulo, vamos ver como desacelerar até chegar à velocidade da vida se aplica ao mundo profissional. Discutiremos como desacelerar até o momento presente aumenta nossa habilidade de administrar pessoas mantendo o fator humano em mente. Também nos ajuda a nos relacionarmos com outros, a tomarmos decisões inteligentes, a sermos motivados e produtivos, a diminuirmos o estresse, a administrarmos nosso tempo num ritmo saudável, a forçar nosso pensamento criativo para enfrentar novos desafios e a ganhar acesso ao nosso senso comum em épocas de crise e mudança.

Ironicamente, você precisa desacelerar para que possa lidar com as exigências crescentes. Quando as pessoas estão se sentindo apressadas e frenéticas, elas cometem mais erros, lidam mal com os outros, se esgotam e perdem sua habilidade de pensar de maneira clara, criativa e inteligente. Tudo que você precisa fazer é visitar uma organização que está acelerada – que funcione num ritmo frenético – e vai ver decisões erradas sendo tomadas, moral em baixa, empregados roubando da companhia, indivíduos fugindo do trabalho e encontros disfuncionais onde praticamente ninguém consegue chegar a um acordo.

Para que possam trabalhar de uma maneira mais inteligente, os trabalhadores precisam desacelerar até chegar à velocidade da vida – aprender a estar no momento presente. Devido à avalanche de informações e à velocidade com que as recebemos, precisamos aprender a usar nosso processo de pensamento de uma maneira que é mais inteligente – uma que não nos deixe estressados. É isso que temos chamado de funcionamento psicológico saudável. Colocando as coisas de uma maneira mais ousada, acreditamos que a saúde psicológica das empresas será uma importante vantagem competitiva nesses tempos de evolução econômica global. As empresas que estão operando num funcionamento psicológico saudável tomarão decisões melhores, terão uma visão mais ampla, terão funcionários mais felizes e, portanto, mais leais e motivados, e experimentarão menos doenças e absenteísmo, assim como menos acidentes. Funcionários operando na velocidade da vida são inteligentes, produtivos e cooperativos. O fator humano é a principal vantagem na competição.

TRABALHANDO COM MAIS INTELIGÊNCIA E NÃO COM MAIS ESFORÇO

Independentemente da nossa profissão, quanto mais estamos funcionando de uma maneira psicológica saudável, mais usamos nosso senso comum e mais satisfação profissional experimentamos. Quando Joe recentemente perguntou a uma médica como ela gostaria de melhorar psicologicamente no trabalho, ela disse: "Gostaria de fazer com que todos os pacientes se sentissem como se eu tivesse todo o tempo do mundo para me devotar a eles. Mas, na realidade, exige que eu veja mais pacientes por hora, e não acho que vou ter tempo o bastante para atender a todos, devido às reuniões e ao trabalho burocrático." Se ela aprendesse a viver num funcionamento psicológico saudável, seria capaz de alternar facilmente entre o pensamento de processo e o pensamento de livre fluxo, de modo que teria um atendimento íntimo para todos seus pacientes, mesmo no seu mundo de ritmo acelerado.

Trabalhar de maneira mais inteligente em vez de trabalhar com mais intensidade exige a compreensão de como manter nosso equilíbrio e viver no momento presente. Veja o exemplo de John. Ele acabara de saber que seu departamento precisava de uma redução de custos e que ficaria temporariamente fazendo seu trabalho e o de um colega que fora despedido. A primeira reação de John foi ficar zangado ("Isso não é justo!"), depois sobrecarregado ("Eles estão pedindo para eu fazer algo impossível!") e finalmente inseguro ("Como serei capaz de fazer isso? E se eles me substituírem também e eu ficar desempregado?"). Se John houvesse compreendido os princípios do funcionamento saudável, teria reconhecido, através dos seus sentimentos, que começara a usar o pensamento analítico doentio. Ele teria recuperado seu equilíbrio e percebido que precisava de uma nova perspectiva para lidar com seu trabalho de uma maneira criativa. Teria acreditado que, mesmo que não pudesse ver uma solução neste exato momento, poderia colocar o problema no fogareiro de trás e a sua inteligência criativa surgiria com uma solução excelente. Ele teria visto que a prioridade número um durante os períodos de mudança é não perder seu equilíbrio e sua objetividade. Teria acreditado que, se estivesse com sua saúde mental, estaria na melhor posição possível para ver seu caminho numa situação muito difícil. Além disso, se seu patrão compreendesse melhor o fator humano, teria sabido como apresentar essa decisão difícil para os empregados de uma maneira que teria minimizado a insegurança e a ineficiência resultante. Ou se o chefe houvesse antecipado a situação mais cedo, poderia ter sido capaz de evitá-la. Obviamente, quando toda uma firma está operando a partir de um estado mental saudável, existe um efeito positivo na tomada de decisões em todos os níveis.

Trabalhar de maneira inteligente implica escutar, refletir e depois agir, em vez de simplesmente reagir de modo habitual; significa ter a confiança suprema nos seus instintos para fazer o que é certo no momento, quando você não tem tempo o bastante para pensar. Trabalhar de maneira inteligente significa usar a sua memória e experiência de uma maneira que ajude você no momento presente em vez de cegá-lo com as experiências passadas. Significa, ainda, ser capaz de estabelecer uma ligação com outros, sabendo que sem essa ligação você não pode ter trabalho em equipe e comunicação. Significa também saber como viver sua vida no momento presente – fazendo uma coisa de cada vez, com presença e num ritmo que leva para o equilíbrio da sua vida pessoal e profissional.

COMO ELEVAR A ÚLTIMA LINHA VIVENDO ACIMA DELA

Visionário
Dinâmico
Automotivado

Estressado
Orientado para a Sobrevivência
Burocrático/Disfuncional

Viver acima da linha significa viver no nível de compreensão que é capaz de reconhecer o pensamento no momento – quer estejamos operando num modo de livre fluxo ou estejamos aprisionados no modo analítico, incapazes de reconhecer quando é hora de nos desapegarmos. À medida que o nosso nível de compreensão cresce gradualmente através do reconhecimento cada vez mais freqüente do nosso pensamento, nossa vida – incluindo a vida profissional – melhora em todos os aspectos. Os gerentes tendem a se tornar mais inspirados e sensíveis às pessoas e aos períodos de mudança. Os trabalhadores são, geralmente, mais criativos, cooperativos, produtivos e satisfeitos com seus trabalhos.

Hábitos, valores e comportamentos diferentes acompanham cada nível de compreensão no diagrama acima. É interessante notar que as organizações tendem a contratar e a manter empregados no mesmo nível de compreensão; as pessoas sentem-se mais confortáveis com outras que pensem como elas. O nível de compreensão no qual uma organização opera determina a sua cultura, o nível de produtividade, as atitudes dos empregados e, em última instância, a sua última linha (*bottom line*) – seu sucesso financeiro (no caso de um negócio) ou o sucesso dos seus clientes (no caso de um serviço e de organizações educacionais). Vamos dar uma olhada na maneira como as organizações em cada nível de compreensão operam.

Nas organizações no nível mais baixo de compreensão, que chamamos de nível Burocrático/Disfuncional, o pensamento da maioria dos empregados é auto-absorvido e temeroso e, muitas vezes, é cegado pela visão de túnel. Os trabalhadores tendem a sentir-se sobrecarregados, apressados e fora de controle. Eles estão totalmente exaustos, agitados, defensivos e suscetíveis a discussões e à raiva. As firmas nesse nível estão cheias de grupinhos, fofocas, comentários negativos sobre a empresa, desrespeito e sabotagem dos esforços da empresa. As burocracias que perderam sua visão há décadas, grupos que se comportam de maneira altamente política, ou companhias que se tornaram polarizadas entre a administração e os empregados, são exemplos desse tipo de organização. As organizações abaixo deste nível de funcionamento estão na falência ou na anarquia.

Em empresas num nível um pouco mais elevado de compreensão, o pensamento dos empregados é orientado para a sobrevivência. Os trabalhadores tendem a sentir-se negativos – cheios de culpa, preocupação e ressentimentos. Eles são irritáveis e apressados, e não experimentam nenhum senso de trabalho em equipe; muitas vezes, sentem-se esgotados, defensivos e zangados. As organizações nesse nível possuem taxas de rotatividade de empregados muito elevadas e cometem erros muito custosos, e os empregados, assim como os gerentes, freqüentemente culpam os outros e apontam para fatores externos ou uns para os outros para explicar sua falta de sucesso e produtividade. Existe uma alta taxa de acidentes, doenças e absenteísmo nas companhias Orientadas para a Sobrevivência. A diferença entre uma firma neste nível e uma no mais baixo é que essa firma é capaz de funcionar bem o bastante para que o trabalho básico seja feito.

À medida que subimos na escala, encontramos uma organização operando no nível Estressado. O pensamento aqui é menos negativo, mas ainda assim não é claro ou criativo. As pessoas tendem a ter a cabeça ocupada, a ser distraídas e estressadas e a trabalhar muito, mas não de uma maneira inteligente. Elas são capazes de lidar com seus níveis de estresse através de mecanismos como humor negro, brincadeiras no escritório e um alto nível de competição entre os empregados. Essas organizações tendem a ter horas de trabalho longas, mas possuem um bocado de desperdício improdutivo, muitos erros e uma baixa produtividade. Os empregados se esgotam e tiram licenças médicas como um modo de sobreviver à pressão. Apesar de tudo isso, essas companhias muitas vezes são muito bem-sucedidas financeiramente.

Agora, estamos subindo a escala até uma organização cujos empregados estão, geralmente, vivendo acima da linha. Chamamos esse nível de operação de Automotivado. Até mesmo sob pressão, o pensamento desses trabalhadores tende a ser límpido e cheio de senso comum. Eles estão satisfeitos com seus empregos, confortáveis, produtivos e automotivados, de modo que não precisam de muito gerenciamento ativo. Eles gastam seu tempo de maneira eficiente e vêem soluções e problemas de maneira mais rápida. Eles trabalham como uma equipe, apoiando uns aos outros e cooperando para alcançar as metas e a visão da companhia.

Subindo ainda mais na escala, vemos trabalhadores no nível Dinâmico. O pensamento tornou-se mais instintivo, intuitivo e sensível. Os empregados desta organização operam no modo de livre fluxo a maior parte do tempo. Os líderes estão a serviço dos empregados; eles são positivos e oferecem apoio. Os empregados são energizados e estão, geralmente, dois passos à frente do cliente ou dos tempos em transformação. Eles escutam bem uns aos outros e estão sempre se superando criativamente. Os encontros são dinâmicos, criativos, divertidos e menos necessários do que nos níveis mais baixos. Existe uma alta taxa de satisfação profissional e de apreciação neste nível de organização.

No nível mais elevado de compreensão, que chamamos de nível Visionário, o pensamento organizacional é muito criativo e original. Existe um fluxo constante de novas idéias, acompanhadas pelo pensamento prático para implementá-las. A liderança é animada e visionária, e a companhia estabelece novos padrões na sua indústria. Essas são organizações altamente eficientes e as pessoas sentem-se extremamente afortunadas de serem capazes de trabalhar nelas. Esses grupos operam com uma visão de serviço para outros; eles tentam estender a ajuda além dos seus próprios empregados para a comunidade como um todo. Eles estão tornando o mundo um lugar melhor.

Fica aparente que quanto mais alto o nível de compreensão, mais bem-sucedida e apreciável será a organização. Em vez de tentar forçar a mudança de fora para dentro, perceber que a alteração ocorrerá automaticamente à medida que os indivíduos e grupos ganharem uma sabedoria psicológica induz a mudança de dentro para fora. As organizações que vivem abaixo da linha estão procurando soluções ou fatores externos em que possam pôr a culpa, enquanto os grupos acima da linha estão usando seu senso comum e o pensamento de livre fluxo para *criar* um sistema de trabalho melhor.

Agora, vamos olhar algumas das questões comuns nas organizações, e saber como abordá-las de um modo saudável. Os fatores seguintes nos ajudam a realizar nosso potencial pleno no trabalho:

- Estabelecimento de Ritmo: A Abordagem da Tartaruga para a Administração de Tempo.
- Relações Profissionais (Ligação, Presença, Conflito, Limites, Lidar com Pessoas Difíceis, Humores, Dar Retorno).
- Reuniões: Atrapalham o Trabalho ou Ajudam a Fazer o Serviço?
- Decisões.
- Prazos Finais.

ESTABELECIMENTO DE RITMO: A ABORDAGEM DA TARTARUGA PARA A ADMINISTRAÇÃO DE TEMPO

Lembra-se da história da lebre e da tartaruga? A lebre saiu em disparada, deixando a tartaruga bem para trás. Ela logo ficou cansada e teve de tirar uma soneca, excessivamente confiante de que ultrapassaria sua competidora mais lenta. A tartaruga manteve o ritmo, indo devagar mas nunca parando. A tartaruga venceu a corrida.

Muitas pessoas não possuem o tempo adequado para completar todas as coisas que o emprego exige, muito menos para realizar tudo e ainda ter tempo para família, amigos e diversão. Para tentar lidar com o ritmo da nossa vida profissional, muitas vezes nos voltamos para a tecnologia (agendas eletrônicas, computadores, *laptop*, *pagers*, telefone celular, máquinas de fax, *e-mail*, Internet) e sistemas de economia de tempo. Ironicamente, quanto mais tempo poupamos através de dispositivos de economia de tempo, mais atividades tentamos acumular num dia. Simplesmente, continuamos elevando nossas expectativas quanto a nós mesmos, a nossos empregados e a nossas famílias. Essa tentativa inocente de conseguir mais tempo está condenada a fracassar porque estamos deixando de reconhecer de onde vem nossa experiência do tempo – o pensamento. Desacelerar nosso processo de pensamento pode nos ajudar a estabelecer um ritmo no trabalho, de modo que possamos administrar nosso tempo de trabalho de uma maneira diferente.

A experiência do tempo tem muito pouco a ver com o tempo de relógio e tudo a ver com o pensamento. Você experimenta o tempo de maneira diferente quando está esperando alguém que está atrasado ou quando você mesmo está atrasado? No primeiro caso, o tempo vai devagar; no segundo, ele corre. Nossa percepção do tempo está diretamente relacionada com aquilo que estamos pensando. O tempo do paciente de tratamento de canal se arrasta de uma maneira dolorosamente lenta, enquanto o dia do dentista voa sem que haja tempo o bastante para ver cada paciente. O que nós estamos pensando determina o quão impaciente estamos nos sentindo, o grau de ansiedade que sentimos em relação ao futuro e o quanto nos tornamos frustrados com o ritmo lento das coisas. Se você não acha que o tempo está relacionado com o pensamento, viaje para um país onde as pessoas experimentam o tempo de maneira diferente da dos norte-americanos. Provavelmente nos sentiremos estressados, impacientes e zangados, enquanto elas estão relaxadas e sem entender por que estamos tão irritados e apressados.

Nossa experiência de ansiedade e o estresse têm origem fora do momento presente e são envolvidos num pensamento analítico doentio. Quando ficamos aprisionados no nosso pensamento, tentamos fazer duas ou três coisas ao mesmo tempo, ficamos altamente distraídos com pensamentos do passado ou do futuro e, geralmente, não realizamos muito bem a tarefa diante de nós. Se aprendermos a valorizar o modo de livre fluxo de pensamento – tendo fé no processo de viver de momento a momento, calmamente fazendo uma coisa de cada vez –, descobriremos que cometeremos menos erros, experimentaremos maior apreciação e satisfação e conseguiremos fazer muito mais! Você está sempre vivendo no momento presente; vai fazê-lo de maneira presente ou ausente? Você vai viver num estado de espírito acelerado ou calmo? Se você está no estado de livre fluxo, vai parecer que você tem um bocado de tempo, muito embora você tenha um prazo final apertado e muita responsabilidade. Desacelerar até o passo confortável da tartaruga acontece quando reconhecemos nosso pensamento e retornamos ao momento presente – vivendo acima da linha.

Para nossa surpresa, à medida que aprendemos a viver mais no momento presente, seja no nosso trabalho ou em casa, descobrimos que muito embora tenhamos a experiência ou a sensação do tempo ficando mais lento, a verdade é que no final do dia realizamos mais do que estávamos acostumados a realizar quando nos sentíamos apressados e frenéticos. Abaixo da linha, costumávamos gastar uma quantidade enorme de tempo nos organizando e reorganizando, procrastinando, cometendo erros e fazendo trabalhos sem importância. Além disso, tínhamos dificuldades em delegar tarefas a outros que as realizavam muito melhor do que nós, porque não queríamos entregar o controle ou porque simplesmente parecia mais fácil que nós as realizássemos. Quanto mais pensávamos sobre o que tínhamos de fazer, mais sobrecarregados e fatigados nos tornávamos, e menos realizávamos.

Quando ficamos presos no pensamento orientado para processo sobre o futuro, repetimos o que temos de fazer várias vezes nas nossas cabeças enquanto estamos realizando alguma outra tarefa, e ficamos fatigados. Grande parte da fadiga no estresse não vem do trabalho real, mas de pensar sobre tudo que temos de fazer. Além disso, como empregados, passamos a maior parte do nosso dia falando sobre o trabalho a fazer ou que estivemos fazendo. "Não posso acreditar em como andei estressado – há tanto a fazer!" Você já teve a experiência de ficar deitado na cama de manhã, pensando sobre o dia à sua frente e sentindo-se totalmente exausto antes de se levantar? Esse pensamento desnecessário nos rouba o descanso, a alegria e o sentimento de tranqüilidade. Se pudermos reconhecer nosso pensamento no momento, podemos voltar ao funcionamento psicológico saudável e com ele ter acesso a um modo de pensamento mais inteligente que possui o melhor sistema de gerenciamento de tempo – o estabelecimento do ritmo.

O estabelecimento do ritmo adequado significa nunca fazer demais de uma vez; é separar algum tempo para refletir, estabelecer prioridades e escutar. O velho adágio dos carpinteiros, "meça duas vezes, corte uma vez", resume a filosofia do estabelecimento do ritmo. Significa manter a objetividade e responder de maneira apropriada ao momento. Joe se lembra de ter construído uma cabine de madeira para um amigo há muitos anos. O amigo era um artesão habilidoso, mas parecia trabalhar muito lentamente. Joe, muitas vezes, sentia-se impaciente com ele, mas com o tempo aprendeu a ver a sabedoria na lentidão do amigo. Este homem levava algum tempo refletindo sobre o que estava fazendo, até que conseguisse encontrar a melhor maneira possível de realizar uma determinada tarefa. Além disso, ele raramente precisava refazer uma tarefa e raramente desperdiçava qualquer material; assim, seus custos permaneciam baixos. Joe e seu amigo realmente gostavam de trabalhar juntos. Joe não sabia, nessa época, por que gostava tanto daquele projeto de construção, mas agora parece óbvio. Os dois estavam trabalhando juntos e, ironicamente, o amigo de Joe completou o trabalho quase tão rápido, senão mais rápido, do que a maioria dos carpinteiros.

Quando estabelecemos nosso ritmo, usamos nossos recursos com sabedoria, mudamos de acordo com o que é necessário no momento presente e vemos como conseguir a cooperação dos outros. Quando nos desacelerarmos até chegar à velocidade da vida – na velocidade da tartaruga –, nossas recompensas serão a calma, a felicidade, a produtividade e uma vida bem-sucedida. Nós também venceremos a corrida.

RELAÇÕES PROFISSIONAIS

Com poucas exceções dignas de nota, a maioria de nós passa pelo menos uma parte do nosso tempo trabalhando com outras pessoas. Se nossos relacionamentos de trabalho não são positivos, eles tiram nossa eficiência, nossa produtividade, nosso trabalho em equipe e o serviço ao cliente. A base para todos os relacionamentos saudáveis é um sentimento de respeito, confiança, calor, boa vontade e ausência de julgamento. Num relacionamento saudável, existe um sentimento de tranqüilidade. Viver acima da linha, isto é, reconhecer que nossa experiência dos outros está vindo do nosso pensamento, permite ver a inocência dos outros e assumir a responsabilidade por nossas reações a eles.

Ligação

Chamamos este sentimento de tranqüilidade de "ligação". Quando temos uma ligação com os outros, podemos fazer o que desejamos naquele momento – nos comunicar sobre um novo projeto, resolver um conflito, fazer um *brainstorm* para encontrar uma solução para uma situação desafiadora. A ligação é o lubrificante virtual em toda interação social. A perda da ligação se torna óbvia nos sentimentos negativos que nós, ou eles, começamos a experimentar – tensão, desconfiança, raiva, medo, desconforto e insegurança. Quando perdemos a ligação, nos tornamos sérios, mecânicos, sem humor. Além disso, a satisfação profissional desaba, junto com a produtividade. Quando temos uma ligação, estamos presentes, de coração leve, e somos calorosos e respeitosos com os outros.

Quando Joe estava crescendo, ele trabalhou na creche do seu pai. Os dois supervisores dali formavam um contraste distinto na sua ligação com os outros. Gus era sério, pontual ao extremo, desconfiado dos seus trabalhadores e não dava valor ao trabalho duro dos outros (era simplesmente o que esperava). Paul, por outro lado, era um modelo de trabalho duro, se envolvendo onde fosse necessário. Paul confiava nos outros para que realizem seus trabalhos, e quando erros eram cometidos, ele pacientemente corrigia seus empregados com uma mão gentil.

A equipe de Gus cometia muitos erros e não aparecia consistentemente no trabalho. Quando ele não estava fisicamente presente, ninguém se esforçava muito, ou praticamente não se esforçava, e os dias pareciam se arrastar por uma eternidade. Na presença de Paul, todo mundo apreciava seu trabalho, mantinha uma produtividade de alto nível, e os dias pareciam voar.

A diferença entre Paul e Gus era a ligação que cada um tinha com sua equipe. Cada um era igualmente dedicado ao seu emprego, mas Gus tinha uma visão negativa das pessoas – elas eram preguiçosas, inferiores, indignas de confiança e incompetentes. Paul via os membros da sua equipe como pessoas querendo fazer um bom trabalho, que eram legais e divertidas. Ele via a si mesmo como uma delas. Os dois supervisores ensinaram a Joe a importância da ligação – um deles ao praticá-la, o outro deixando de possuí-la.

Presença

Estar orientado para o momento presente é a chave para desenvolver uma boa ligação com seus colegas. Ficar presente com outra pessoa leva a uma boa escuta, uma excelente comunicação e um sentimento de conexão ou de trabalho em equipe.

Um dos socorristas no atentado à bomba em 1995 em Oklahoma foi entrevistado um ano depois para dizer como andava a sua vida. Ele se sentiu bastante nostálgico sobre a época do atentado e declarou: "Pode parecer doentio, mas sinto falta da intensidade da época depois do atentado. Nós estávamos trabalhando sem parar, mas havia um tamanho sentimento de trabalho em equipe e finalidade, e o tempo parecia simplesmente voar. Ninguém parecia ficar cansado." O que ele estava descrevendo é um nível de apreciação que ocorre quando as pessoas estão presentes diante umas da outras, independentemente de quão terríveis sejam as circunstâncias. Um dos momentos mais memoráveis da infância de Joe foi quando sua cidadezinha no leste de Minnesota sofreu uma inundação. Virtualmente todo mundo na cidade ficou de pé durante toda a noite na chuva gelada e torrencial. De uma maneira ou de outra, homem, mulher e criança se envolveram na salvação da cidade. Pessoas que normalmente não se conheciam trabalharam juntas, formando uma equipe altamente eficiente, lutando juntas por um objetivo comum.

Não precisamos inventar uma crise para criar o sentimento de cooperação e finalidade compartilhada. Eles são o resultado de estar presente no momento presente. Quando estamos no modo de livre fluxo, estamos naturalmente presentes com os outros e levamos essa presença e intensidade do momento para nossos relacionamentos de trabalho. A presença nos relacionamentos ocorre quando não estamos distraídos por uma mente ocupada. Estar presente significa realmente "estar ali" com nossos colegas – seja numa reunião, numa pausa ou durante uma discussão difícil. Desacelerar até chegar à velocidade da vida nos permite estar presentes nos relacionamentos. À medida que nos movemos para cima da linha na nossa compreensão, os relacionamentos de trabalho naturalmente se tornam harmoniosos.

Conflito

Todo mundo vê a vida a partir de uma perspectiva diferente; todos nós criamos nossa experiência da vida através do pensamento. Quando perdemos a ligação, nossas diferenças podem se transformar em conflitos em vez de enriquecimento.

Ver a vida a partir de diferentes pontos de vista tem o potencial de enriquecer e expandir nossos conceitos, ganhando para cada um de nós uma perspectiva maior e mais profunda. Ver além das nossas diferenças e escutar os outros permite transcender nosso ponto de vista estreito – para evoluir, mudar e crescer. No ambiente de trabalho, isso significa que cada membro da equipe contribui para o sucesso da organização partilhando a sua visão singular.

Infelizmente, vezes e mais vezes nossas diferenças se tornam fonte de conflitos, discussões, hostilidades e impasses. As pessoas vivendo abaixo da linha vêem diferenças como discordâncias e como uma ameaça ao seu poder, autoridade ou nível percebido de importância. Quando as pessoas estão vivendo acima da linha, elas consideram as diferenças interessantes e ficam curiosas quanto ao ponto de vista da outra pessoa.

Digamos que um empregado apareça com uma idéia que pode poupar tempo e dinheiro no sistema de inventário da companhia. Um supervisor que está vivendo acima da linha primeiramente escutaria o empregado sem julgá-lo e estaria aberto para a nova idéia, mesmo se a idéia já houvesse sido tentada anteriormente ou não tivesse valor imediato. Através deste processo, o empregado iria sentir-se respeitado, valorizado e escutado, mesmo que a idéia acabasse sendo rejeitada. O supervisor faria perguntas para compreender de onde o empregado estaria vindo, descobrindo assim quaisquer outras boas idéias em potencial. O empregado poderia até mesmo ser recompensado financeiramente por quaisquer sugestões que diminuíssem os custos ou aumentassem os lucros. Isso é trabalho em equipe.

Por outro lado, um supervisor que estivesse vivendo abaixo da linha ficaria ameaçado por outra pessoa ter pensado na idéia primeiro. Este supervisor poderia esmagar a idéia, com medo de que fizesse com que ele ou ela parecesse estúpido ou inferior ao empregado. Não haveria nenhuma escuta, desencorajando assim os empregados a procurar maneiras de tornar os negócios mais eficientes, pois quando as pessoas não se sentem valorizadas, elas desligam sua inteligência criativa.

O conflito pode ocorrer em muitos níveis dentro de uma organização. A queda da maioria das parcerias é estar inconsciente de como lidar com o conflito. Do mesmo modo que num casamento, quando a ligação é perdida, as diferenças vão para o primeiro plano e o interesse comum vai para o segundo plano. Quando respeito, confiança e ligação são perdidos, a falta de saúde psicológica leva ao conflito, aberto ou encoberto. Esse conflito pode minar o sucesso da organização e até mesmo levar à sua queda. Abaixo da linha, o conflito é potencialmente uma ameaça para o sucesso de uma organização; acima da linha, é a fonte potencial de evolução, crescimento e sucesso.

Existem cinco maneiras de lidar com o conflito de maneira eficiente:

1. Ver as diferenças como positivas, interessantes, enriquecedoras e importantes para o processo criativo de administrar uma organização.
2. Se você está em conflito com um colega, siga as linhas de orientação para ter uma conversa de coração a coração detalhadas no Capítulo 5. Entre no seu modo de livre fluxo, certifique-se de que o momento e o clima estão corretos, escute e mantenha sua ligação.
3. Procure áreas de concordância ao invés de discordância.
4. Mantenha o tom para cima e positivo; se isso não for possível, deixe a questão de lado e volte a ela mais tarde.
5. Fique acima da linha, e você será capaz de encontrar uma solução híbrida, que é melhor do que todas as idéias individuais combinadas. (Falaremos mais sobre isso na seção sobre a organização de reuniões.)

Limites

Uma parte integral da saúde de qualquer organização é a sua habilidade de estabelecer limites claros em responsabilidades, papéis e níveis de adequação social. Estou fazendo o trabalho de outra pessoa? É apropriado pedir ao meu colega que faça algo que normalmente é meu trabalho? Está certo dar retorno ao chefe sobre uma questão particular? Flertar com aquela pessoa é apropriado? Essas são questões de limite. Vários *workshops* são conduzidos sobre questões específicas, tais como assédio sexual, racismo, comunicação, e assim por diante, para lidar com a questão dos limites.

Quando estamos num modo de livre fluxo, essas questões são fáceis de se lidar. Temos um sentimento visceral quando alguma coisa está errada ou é imprópria nos nossos relacionamentos. Confiar nesses sentimentos e agir de acordo com eles nos protege de cruzar o limite. Por exemplo, Sandra e Tom compartilham um trabalho na divisão de contas a receber de uma grande empresa. Eles fazem o serviço um do outro de vez em quando, mas Sandra (que está se sentindo preocupada com problemas pessoais) começa inocentemente a tirar vantagem da natureza generosa de Tom: Tom percebe, com o passar do tempo, que ele está fazendo uma parte desproporcional do trabalho. Em vez de acumular ressentimento sobre o fato, contudo, ele tem uma conversa de coração a coração com Sandra sobre isso. Ela percebe que estava fazendo cada vez menos e pede desculpas a Tom, e depois se esforça para fazer sua parte.

Numa situação mais difícil, Gary (o supervisor) pede a Gail (sua assistente) que faça o balanço do seu talão de cheques pessoal no horário da empresa. Gary detesta fazer seu talão de cheques e acha que não vai haver problema algum, porque Gail não está tão ocupada. Gail se sente num dilema. A tarefa não parece apropriada, mas o seu chefe está pedindo que ela a realize. Ela decide colocar a questão no fogareiro de trás até que seu modo criativo apareça com uma solução. Esse modo leva em conta todas as variáveis – quão importante é a tarefa, a hora certa de falar com seu chefe, como levantar a questão e assim por diante. No momento certo, ela levanta a questão para seu chefe. Gary inicialmente sente-se embaraçado e na defensiva, mas no geral ele está operando acima da linha, de modo que leva seus documentos para o coração e explora a possibilidade de estar fazendo alguma coisa fora de linha. O modo de livre fluxo é o radar que mostra como manobrar ao redor de questões de limite delicadas.

Em alguns conflitos, uma pessoa está operando acima da linha e a outra pessoa não está. O que você pode fazer então? Em alguns casos, pode ser uma boa idéia contactar uma terceira pessoa, tal como um funcionário de recursos humanos ou outro colega. Em outros casos, você pode precisar esperar até que uma situação se acalme. De qualquer modo, seu modo de livre fluxo dará a você uma resposta apropriada para uma situação imprópria.

Lidar com pessoas difíceis

Quando você está vivendo acima da linha, num funcionamento saudável, lidar com pessoas difíceis é como atravessar um temporal com roupas à prova d'água. Muito pouca chuva molha você – é capaz de não levar num nível pessoal aquilo que a outra pessoa está dizendo ou fazendo, mesmo que tenha sido direcionado para você. Por exemplo, você tem um colega que está operando abaixo da linha, agindo de uma maneira que é irritante para os outros, você pode ser capaz de ver a inocência dessa pessoa ou até mesmo o humor dessa situação. Um de nós prestou serviços de consultor para uma organização onde havia uma pessoa de quem a maioria dos empregados não gostava. Ela era paranóica, supercrítica quanto ao desempenho de todos e era sempre negativa nos encontros da equipe. Ela resistiu a virtualmente todas as novas mudanças na companhia e sempre fazia corpo mole.

Depois de receberem treinamento sobre os conceitos de viver acima da linha, vários dos outros empregados foram capazes de ver essa pessoa sob uma nova luz. Eles começaram a perceber a dificuldade que ela estava atravessando relacionada com seus problemas de saúde e questões pessoais; perceberam que o comportamento dela não tinha nada a ver com eles. Isso deixou-os mais tolerantes em relação à negatividade dela. Como costuma acontecer, ela respondeu à paciência crescente com ações menos cáusticas. Depois de algum tempo, ela começou a reconhecer como tinha se comportado de uma maneira difícil e pediu o apoio dos seus colegas. A maioria deles respondeu de uma maneira positiva.

Aqui estão quatro sugestões para lidar com as pessoas difíceis no local de trabalho:

1. Veja além do seu comportamento e perceba o seu potencial humano; então você terá mais possibilidades de despertar seu funcionamento psicológico saudável.
2. Dê a eles o benefício da dúvida; eles podem estar de mau humor ou atravessando um período difícil.
3. Veja que é do seu melhor interesse deixar de fazer julgamentos e de reagir de maneira automática; é você que precisa viver com seus próprios sentimentos.
4. Quando estiver em dúvida quanto ao que fazer, veja se está escutando; lembre-se de que escutar no modo de livre fluxo sempre oferece uma resposta a você.

Humores

Como dissemos, os humores são flutuações na qualidade do nosso pensamento. Os humores são uma parte natural da experiência humana; eles são nosso clima interno. Já que não podemos deixar nosso funcionamento psicológico do lado de fora quando entramos no local de trabalho, os humores fazem parte do dia de trabalho de todo mundo. Quando aprendemos a administrar nossos humores e os das outras pessoas, experimentamos um passeio de barco muito mais tranqüilo.

Existem duas coisas básicas a serem recordadas sobre humores no trabalho:

1. Reconheça o seu próprio humor. Escutando seus sentimentos como uma bússola, você será capaz de dizer quando o seu humor caiu. Como já falamos, quase sempre percebemos as circunstâncias externas como as fontes dos nossos humores; o anúncio do prazo final antes do feriado, a explosão do patrão, ou alguém decepcionando você são situações que achamos que alteram nossos humores.

No entanto, quando você assume responsabilidade pelo seu próprio humor e o pensamento que o está causando, estamos nos movendo na direção de uma mudança no nosso clima interior. Também somos capazes de levar nosso humor em consideração – para evitar, quando possível, tomar decisões importantes de mau humor, esperar até que nosso humor mude antes de chamarmos um cliente importante, esperarmos até que nosso humor melhore antes de pedirmos um aumento (ou um tempo de folga). Reconhecer nosso humor e agir de acordo é como se vestir para o clima. Não se esqueça do seu guarda-chuva!

2. Reconheça os humores das outras pessoas e não os leve de maneira pessoal. Quando começamos a ver os humores das outras pessoas, começamos a levá-los em consideração da mesma maneira que escutamos uma previsão meteorológica antes de decidir com que roupa vamos sair naquele dia. Isso não significa que devemos alterar nosso humor de acordo com o humor dos outros; simplesmente devemos levar o humor deles em consideração. Por exemplo, se Sally percebe que sua secretária está anormalmente irritada hoje, ela pode esperar até que esteja se sentindo melhor antes de marcar

sua revisão trimestral. Num humor melhor, a secretária estará mais receptiva ao seu retorno; ela vai recebê-la de maneira mais objetiva e menos defensiva. Ou se Jane, a secretária, vê que Sally está de mau humor, ela pode esperar para contar que está grávida e que vai precisar de licença maternidade durante uma época de muito trabalho.

Um dos maiores problemas que temos com os humores das outras pessoas é quando os levamos de uma maneira pessoal. Muitas pessoas acham que causaram o mau humor da outra pessoa, e imediatamente passam para o modo analítico doentio – pensando sobre o que podem ter feito para causá-lo. Outros se tornam críticos sobre o mau humor e acreditam que isso lhes dá licença para ficar também de mau humor. Isso é como ver um ônibus se aproximando e ficar diante de uma poça d'água; você vai acabar se molhando.

Não tente decifrar os humores das outras pessoas; eles fazem parte da vida. Não julgue seus humores negativos, já que você provavelmente também teve um nas últimas vinte e quatro horas. E, mais importante, não leve o mau humor delas de maneira pessoal, mesmo que elas estejam culpando você por ele. Você é responsável pelo seu comportamento, e não pelos pensamentos delas sobre esse comportamento. Em outras palavras, você é responsável pela maneira como se veste para o clima, mas não pelo próprio clima.

PENSE NA POSSIBILIDADE

Na próxima vez em que estiver com alguém que está de mau humor no seu trabalho, imagine que você está se sentindo do mesmo modo que essa pessoa. Como você gostaria de ser tratado por essa pessoa se os seus papéis estivessem invertidos?

Dar retorno

Muitos de nós têm oportunidades de dar o retorno para nossos colegas ocasionalmente, seja através de uma avaliação formal ou simplesmente notando – e fazendo uma observação – que alguém esqueceu de fazer parte do seu trabalho. Como discutimos no capítulo sobre relacionamentos, é extremamente importante, ao dar retorno, certificar-se de que a ligação está no lugar e que você tem permissão. Pedir permissão faz conseguir duas coisas: (1) garante que a outra pessoa estará pronta para escutá-lo e (2) comunica respeito. Você pode pensar que não precisa da permissão da outra pessoa; afinal de contas, você pode ser o patrão! Isso é como achar que sua parceira (ou parceiro) não pode esperar pelo seu retorno, simplesmente porque ela (ou ele) é sua parceira(o). Você pode ter o *direito* de dar o retorno, mas a menos que a outra pessoa esteja realmente escutando, pouco ou nada será realizado.

Você pode precisar oferecer retorno sobre alguma coisa pequena, como um dia de falta, ou algo importante, como dizer a alguém que ele não é a pessoa certa para um trabalho específico. A magnitude da tarefa dita a quantidade de permissão e a ligação necessárias. Se você conseguir a ligação e a permissão apropriadas, é como uma anestesia – você pode realizar uma importante cirurgia com muito pouca dor. Levar alguns segundos necessários para conseguir a ligação e a permissão de que precisa pode poupar dias e semanas de erros ou de falta de produtividade contínua.

Vamos pegar uma situação e imaginá-la de duas maneiras – abaixo da linha e acima da linha. A situação é que Joe, o gerente, percebe que o relatório com o prazo para hoje para sua reunião com a diretoria não está na sua caixa. Ele estava esperando que Carmen, uma supervisora, deixasse o relatório para ele – na sua mesa – naquela manhã. Se Joe estiver operando abaixo da linha, ele verá Carmen caminhando na porta da fábrica e imediatamente irá confrontá-la sobre o relatório atrasado: "Você sabe que eu tenho de me apresentar para a diretoria hoje? Vou parecer um tolo se eu não estiver com esse relatório antes da reunião das duas horas!" Carmen é pega desprevenida e imediatamente fica zangada e na defensiva. Ela tenta explicar que seu computador teve problemas, mas Joe não escuta. Carmen, por sua vez, grita com Mary, sua secretária, para completar o relatório, em que ela já está traba-lhando há duas horas. Mary, por sua vez, reage com mágoa e começa a chorar na frente de um novo cliente, que começa a se perguntar: "Que tipo de empresa é esta, afinal?" Tudo isso poderia ter sido evitado levando alguns segundos para conseguir algum grau de ligação.

Mas se Joe está vivendo acima da linha, ele percebe que não tem o relatório de que precisa para a reunião de hoje. Ele vê Carmen entrar e pergunta se ela pode conversar com ele por cinco minutos. Carmen diz que *está* ocupada, mas que se é algo importante ela pode conversar. Joe calmamente diz a Carmen qual é a situação e pede a ela (sem deduzir nada) que explique em que pé está o relatório e o que está acontecendo para resolver o problema. Carmen o informa de que seu computador teve problemas ontem, mas que ela facilmente poderá terminar o relatório antes das duas horas. Joe relaxa e agradece a Carmen pelo bom trabalho. Carmen sente-se apreciada, cumprimenta Mary pela hora extra de trabalho na noite anterior e recorda-a gentilmente do prazo. Mary, por sua vez, trata o cliente com uma atitude alegre, e ele pensa: "Que atmosfera de trabalho agradável."

Dar retorno é necessário para administrar qualquer organização eficiente. Quando damos retorno com ligação e permissão, não só fazemos os ajustes necessários, como também aumentamos os sentimentos gerais de boa vontade, moral elevada e trabalho em equipe.

Uma chave importante para todos os relacionamentos no local de trabalho é ser capaz de manter primeiro o seu próprio equilíbrio – de viver acima da linha. Quando vivemos num estado de saúde mental, somos capazes de ter cooperação, coordenação e sinergia – uma receita para um bom trabalho em equipe.

REUNIÕES: ATRAPALHAM O TRABALHO OU AJUDAM A FAZER O SERVIÇO?

Reuniões servem para várias finalidades: comunicar idéias, metas e informações novas; inspirar e motivar empregados; resolver problemas; chegar a um consenso sobre políticas, projetos e novas direções; construir o trabalho de equipe para uma tarefa específica. Uma reunião bem administrada é agradável e eficiente para alcançar suas finalidades, e deixa as pessoas se sentindo energizadas, motivadas e com uma atitude positiva com o outros. Por outro lado, uma reunião ineficaz esgota, deixa as pessoas mais distantes umas das outras e não satisfaz seus objetivos. Qual é a diferença entre uma reunião eficiente e ineficiente?

Muitas pessoas em organizações reclamaram conosco que uma das piores partes do seu trabalho é ficar sentadas durante as várias reuniões longas e improdutivas. O tom desses encontros costuma ser polido, sem conseguir realizar nada, ou agressivo, com as pessoas saindo zangadas, distantes e sem cooperar. A maioria dos encontros improdutivos é realizada no modo de pensamento analítico. Quando isso acontece, poucas pessoas realmente se escutam. Em vez disso, os participantes estão simplesmente esperando por uma chance para interromper ou compartilhar uma opinião. Uma piada sarcástica no mundo das empresas sugere que, em reuniões assim, seria melhor que só uma pessoa aparecesse, porque todo mundo já sabe antecipadamente o que vai ser dito, de qualquer modo!

Tenha em mente que, no pensamento analítico, estamos operando exclusivamente a partir da memória; raramente emergem novos pensamentos. As discussões tendem a ser circulares, baseadas no ego, e unilaterais. O resultado é que, muitas vezes, existe um alto nível de tédio, distração e conversas paralelas.

Numa reunião eficiente e inspirada, as pessoas estão operando acima da linha. O tom é positivo, respeitoso e aberto. Todo mundo está escutando mais do que falando ou esperando falar. O que permite esse ambiente favorável é que os participantes costumam estar no seu modo de pensamento de livre fluxo, que facilita a capacidade de escuta e um fluxo de pensamento criativo e sensível. Ele encoraja as pessoas a ver os pontos de concordância e de igualdade. Quando os participantes numa reunião estão no modo de livre fluxo, suas opiniões individuais, crenças e necessidades de provar seu valor tendem a desaparecer.

Em reuniões administradas de maneira eficiente, as pessoas tendem a oferecer uma idéia atrás da outra – não em competição, mas de uma maneira que melhora cada idéia, movendo a discussão para uma nova clareza e unidade. Obviamente, existem ocasiões em que você vai precisar do modo de processamento; vai precisar se recordar das informações relevantes, executar cálculos ou planejar. No geral, contudo, os participantes vão permanecer no seu modo de inteligência criativa. Vamos dar uma olhada nas linhas de orientação para manter um encontro acima da linha, no modo de livre fluxo:

1. Mantenha o tom positivo, para cima, e aberto – fluindo. (Você poder querer apontar um "monitor de humor" para deixar que o grupo saiba quando está perdendo o tom apropriado.)
2. Procure áreas de concordância no lugar de discordância. A discordância vai ocorrer, mas não deve estragar a reunião.
3. Escute de modo a não se apegar aos pensamentos que vierem à sua mente, deixando-os ir embora; não tente se agarrar a pensamentos, ou vai deter o processo de escuta.
4. Seja curioso em vez de crítico em relação às idéias da outra pessoa. Isso vai levar você cada vez mais para o estado de livre fluxo.
5. Aceite que não saber é uma opção viável. Reconheça quando você, ou quando o grupo como um todo, não possui uma resposta no momento, e tenha confiança de que a resposta surgirá.

Nem todo mundo trabalha – ou mesmo quer trabalhar – num emprego onde as reuniões são feitas acima da linha. O que você faz se é a única pessoa que compreende a oposição entre o pensamento analítico e o de livre fluxo? A resposta é, mesmo que você seja a única pessoa num encontro a permanecer no modo de livre fluxo, ter uma influência tranqüilizadora e positiva sobre todo o grupo. Se puder escutar a partir do modo reflexivo enquanto todas as outras pessoas estão atoladas no pensamento analítico, você vai ter um efeito calmante sobre o resto do grupo. Os denominadores comuns vão começar a emergir, ou você vai ter *insights* que podem ajudar a transcender as diferenças presentes no grupo. Uma pessoa que mantenha a objetividade e um senso de calma pode emergir como um líder ou como uma influência positiva sobre o grupo.

PENSE NA POSSIBILIDADE

Na próxima vez em que estiver numa reunião, sugira que seja apontado um "monitor de humores". Se isso não for apropriado ou possível, secretamente faça-o você mesmo, e veja o que acontece com a produtividade da reunião quando o humor cai.

DECISÕES

Como podemos tomar uma decisão que, a longo prazo, seja sábia? Como tomamos uma decisão quando existem tantas variáveis incertas, tais como a comerciabilidade futura de um produto? Como podemos confiar num sentimento visceral sobre alguma coisa? Existe algo que possamos fazer para garantir que vamos tomar a decisão correta? Como podemos ficar acima da linha enquanto nos decidimos?

Certamente, ter o máximo de informações possível é uma boa idéia antes de tomar qualquer decisão. Infelizmente, toda pesquisa de mercado, informação de diagnóstico e dados significativos de terceiros ou de especialistas ainda não são bastantes, em alguns casos, para fornecer todas as informações necessárias para tomar uma decisão correta. É imperativo que a pessoa com o poder de decisão saiba como usar os modos de pensamento de processo e de livre fluxo para tomar as melhores decisões possíveis.

O modo de pensamento de processo é suficiente para tomar uma decisão na qual todas as variáveis são conhecidas: "Eu tenho dinheiro bastante no meu orçamento para dar a George o treinamento de que ele precisa?" Decisões como essa não são difíceis: simplesmente entre com as informações, e a resposta aparece.

Quando estamos encarando uma decisão difícil, contudo, muitas vezes não temos todas as informações disponíveis, ou porque elas não estão imediatamente disponíveis ou por elas ainda não existirem. Para essas decisões, é mais sábio usar nosso modo de pensamento de livre fluxo. O modo de livre fluxo é uma fonte profunda de inteligência que leva em conta todos os fatores conhecidos – e desconhecidos – e surge com uma decisão que parece certa. Algumas pessoas chamam isso de um senso de conhecimento. O pai de Joe, que morreu em 1995, foi um empreendedor muito bem-sucedido. Ele tinha uma profunda habilidade de estudar um assunto e ver a solução óbvia para questões muito complexas. Muitas vezes, ele era a única pessoa que via as coisas daquele jeito, mas tinha muita confiança nas suas decisões. E ele estava certo a maior parte do tempo. No seu funeral, muitas pessoas elogiaram sua capacidade de tomar decisões. Quando as pessoas perguntavam a ele como sabia que fazenda comprar ou quantas árvores de uma variedade específica deveriam plantar naquele ano, ele geralmente respondia com uma resposta simples, como "é só senso comum". O senso comum era sua maneira de falar sobre a inteligência criativa.

E como usamos o modo de livre fluxo para tomar decisões? Três passos estão envolvidos na aquisição de acesso ao modo de livre fluxo:

1. *Admita que você não sabe a resposta.* Isso exige que você tenha humildade e que não se importa com o que as pessoas pensarão sobre você por não ter uma resposta imediata sobre um tópico específico. Não saber é o ponto de entrada para o modo de livre fluxo. Sentir a pressão para saber ativa seu modo analítico e encoraja que você fique preso no seu pensamento.

2. *Coloque todas as variáveis e quaisquer perguntas que venham à sua mente no bico de gás do fundo.* Por exemplo, suponha que você está tentando decidir qual candidato seria a melhor escolha para contratação para uma posição-chave na sua organização. Para usar seu bico de gás do fundo, faça perguntas, como: "Que tipo de pessoas precisamos para este emprego? Que qualidades são mais importantes para a sua posição? Como essa pessoa age sob pressão?"

Você certamente vai procurar de maneira responsável o candidato certo, entrevistando cada um deles – provavelmente várias vezes – e executando verificações de currículo e de referências. Porém, quando você possuir todas as informações, em vez de simplesmente remoer os fatos na sua cabeça, simplesmente coloque-os no bico de gás do fundo da sua mente e esqueça-os. Toda vez que a questão voltar à sua mente, gentilmente coloque-a de volta no bico de gás do fundo, até que você tenha uma forte sensação de saber. Pode até mesmo dizer ao seu bico de gás do fundo qual é o prazo final; ele também vai levar em consideração essa variável.

3. *Lembre-se de que a sua habilidade em usar o bico de gás do fundo está diretamente relacionada com a quantidade de fé que você tem no modo de livre fluxo.* Usar o seu bico de gás do fundo de maneira eficiente está diretamente relacionado com viver acima da linha.

Vamos ilustrar este processo com um exemplo. John é o gerente de uma divisão de uma companhia de engenharia e precisa contratar um novo gerente de projeto para a maior área de crescimento da empresa. Depois de seis meses de entrevistas, checagens de referências e reuniões com a sua equipe, ainda existe conflito entre os membros da equipe sobre quem é o melhor candidato. Ele planejou um fim de semana para pescar, e decide que vai refletir sobre a decisão enquanto está longe do escritório.

John compreende que refletir não significa ficar remoendo a decisão, e sim deixar que ela entre e saia da sua mente enquanto ele está num modo de pensamento relaxado. À medida que ele entra mais fundo no modo de livre fluxo e vai ficando mais relaxado, percebe qual é a sua decisão; ele chega num forte grau de certeza. Sente-se confiante para apresentar sua decisão para a equipe quando retorna. As decisões não precisam ser produto de noites insones, e sim de uma certeza calma e límpida.

PRAZOS FINAIS

Esperamos até a última seção do livro para falar sobre prazos finais. Talvez tenhamos procrastinado em relação aos prazos finais, como muitas pessoas no trabalho! Não é incomum que a causa principal de estresse no trabalho seja os prazos finais. Por que é tão difícil lidar com eles? Por que parecemos esperar até o último momento possível para nos sentarmos e escrevermos aquele relatório ou entregar aquele memorando? Nesta seção, vamos dar uma olhada em dois tipos de prazos finais – impostos externamente e impostos internamente. Vamos dar uma olhada na procrastinação e ver como evitá-la. Vamos aprender a permanecer fora do modo de processo e dentro do modo de livre fluxo quando lidarmos com prazos finais.

As pessoas reclamam sobre dois tipos de prazos finais – os que são impostos internamente e os que são impostos externamente. Para algumas pessoas, os externos são mais difíceis de lidar, e para outras acontece o contrário. Como discutimos num capítulo anterior, a experiência da pressão – e estresse – é o resultado do pensamento doentio. É como pensamos sobre prazos finais que determina se eles são um desafio, um sofrimento ou algo aterrorizante.

Joe recentemente entrevistou vários empregados que trabalhavam numa divisão de contabilidade de uma grande empresa. Ele perguntou a cada um deles o quão estressantes eram os prazos finais para eles, e como a divisão lidava com isso. Cada pessoa respondeu de uma maneira bastante diferente, de acordo com o seu nível de compreensão. Aqueles que estavam abaixo da linha viam os prazos finais como muito estressantes, e os levavam de uma maneira pessoal – como se os supervisores não tivessem consideração. Aqueles que estavam acima da linha perceberam que havia certos períodos muito previsíveis do ano quando eram feitas mais exigências e eles precisavam trabalhar durante mais tempo, mas não viam esses períodos como estressantes, só mais exigentes. As percepções são iguais à experiência.

A vida está sempre acontecendo, um momento de cada vez. Contudo, como a maioria de nós já experimentou, podemos estar pensando sobre um milhão de coisas ao mesmo tempo. Quando fazemos isso, perdemos a concentração, nos distraímos facilmente e deixamos de completar tarefas. Esta é a natureza da procrastinação – fazer uma coisa e pensar em outra.

A cura para a procrastinação e para lidar com a pressão dos prazos finais é operar, o máximo possível, no modo de livre fluxo.

Quando estamos no modo de livre fluxo e temos um bocado de coisas a fazer numa quantidade pequena de tempo, mudamos de marcha e ficamos extremamente concentrados, eficientes e criativos no nosso trabalho. Algumas pessoas chamam isso de estar "*in the zone*" (com tudo). Quando estamos nesse estado, podemos realizar uma enorme quantidade de trabalho em pouco tempo, mas com um nível de qualidade acima do normal.

RESUMO

Neste capítulo, focalizamos o mundo do trabalho – como trabalhar de maneira mais inteligente. Começamos a definir o trabalho mais inteligente como trabalhar de um modo presente, mais sábio e menos frenético. Demos uma olhada nos modos de ser mais eficientes, equilibrados e criativos. Descrevemos como os níveis de compreensão são traduzidos para o mundo do trabalho e das organizações. Quanto menor o nível de compreensão, mais difíceis e estressantes se tornarão as operações do trabalho – administração de tempo, relacionamentos, tomada de decisões, reuniões e prazos finais. À medida que a compreensão dos empregados sobe além da linha, vimos como o trabalho se torna mais produtivo, divertido e criativo com menos energia – o verdadeiro sucesso. Discutimos a aplicação do que aprendemos neste livro em relação à administração de tempo, relacionamentos, humores, retorno, administração eficiente de reuniões, tomada de decisões e como lidar com prazos finais. Esperamos que isso ajude você a trabalhar de uma maneira mais inteligente e a apreciar mais a vida no processo.

Capítulo 8

Apreciando a vida

Pouco tempo atrás, Richard estava fazendo cooper perto de uma quadra de tênis onde dois homens terminavam um jogo. Um deles disse para o outro: "Vou desistir deste jogo; simplesmente não estou melhorando." O outro replicou: "Mas eu pensei que você adorasse jogar tênis." O primeiro respondeu: "Eu adoro, mas e daí? Gostar do jogo não vai me levar a lugar algum." Infelizmente, essa é a atitude de muitas pessoas que poderiam adorar as suas atividades de lazer. Se determinada coisa não está levando você a lugar algum (seja ele qual for), então não deve valer a pena.

Um dos períodos mais estressantes para muitas pessoas é quando elas estão de férias, ou no lazer. Como uma cultura, temos muito mais tempo livre ou lazer do que em qualquer outro período da civilização. No entanto, o que fazemos é pegar nossa ética de trabalho com séculos de idade e transferi-la para nosso tempo de lazer. É comum ver pessoas jogando fora seus tacos de golfe, raquetes de tênis ou varas de pescar com irritação porque seu desempenho não está correspondendo às suas esperanças ou expectativas. Também é comum que as pessoas escolham uma atividade de lazer baseada tanto na sua habilidade de melhorar quanto na sua apreciação real daquela atividade.

Uma história pessoal demonstra o estresse que podemos criar para nós mesmos, até mesmo nas férias. Richard tinha voltado de uma viagem para fora do estado com alguns amigos muito íntimos. Esses amigos específicos tentavam acumular o máximo possível de atividades no seu período de férias. Cada família tinha dois filhos, e quando chegaram em casa todas as quatro crianças (assim como

Richard e sua esposa) estavam exaustas. Seus dois amigos tinham agendado praticamente todos os momentos de todos os dias – uma atividade depois da outra, e mais outra. Eles foram de construções históricas a museus, de viagens de trem pelo interior a piscinas, restaurantes, lugares turísticos e de volta para o hotel. Então, quando todo mundo finalmente tinha um momento para relaxar, esses amigos iam imediatamente para o telefone ou procuravam em revistas, planejando o que fazer em seguida, e depois, e depois. Eles pareciam estar sempre perguntando: "O que você quer fazer em seguida?" Mas quando Richard respondia dizendo "nada" ou "gostaríamos só de descansar um pouco", eles pareciam desapontados, como se as pessoas não estivessem aproveitando seu tempo juntas ao máximo – como se fazer as coisas fosse mais importante. Quanto mais atividades, melhor.

O que torna essa divisão de tempo tão estressante não é só a quantidade de atividade envolvida, mas também a tendência que acompanha a agitação de não estar concentrado no momento presente, e sim nos momentos que ainda virão – que vamos fazer em seguida, e mais tarde, e amanhã. Quando a sua mente está operando nessa maneira orientada para o futuro, a quantidade de satisfação que você pode receber de cada experiência singular é limitada a um extremo. A sua habilidade de sentir-se satisfeito com a sua experiência está ligada diretamente com o quanto presente você consegue ser. Lembre-se, pensamentos são sentimentos. Portanto, se você está pensando de maneira frenética e ocupada, vai ter sentimentos frenéticos e agitados.

Era esse obviamente o caso das pessoas nas férias de Richard. A mente de todos estava tão preocupada com o que viria em seguida que ninguém se sentia satisfeito pelas experiências que estavam vivendo. Olhando para trás, Richard se lembra de muitas conversas cheias de comentários, como "Amanhã vai ser divertido" e "Onde você quer comer a sobremesa?"

Por favor, não interprete mal a nossa mensagem. Não há nada de intrinsecamente errado com planejar ou especular sobre o futuro – muitas vezes é importante, útil ou interessante. O problema surge quando os seus momentos presentes são preenchidos com pensamento futurístico ou quando o nosso pensamento é removido deste momento. Quanto mais a sua atenção está afastada do momento presente, mais estresse você sente e menos prazer experimentará.

SATISFAÇÃO

Existe uma correlação direta entre os graus da sua presença no momento presente e o número de experiências de que você precisa para sentir-se satisfeito. Quanto menos presente você estiver, mais atividades vai precisar para sentir-se satisfeito. Isso significa que se você está orientado para o momento presente, vai precisar de muito poucas atividades para que você sinta que está tirando o bastante da sua vida e das suas experiências. Cada experiência tenderá a ser rica e realizadora. Por exemplo, você não vai precisar viajar pelo mundo ou ir à Disneylândia para sentir que suas experiências estão correspondendo às suas necessidades. Em vez disso, vai sentir-se satisfeito caminhando tranqüilamente pelo bosque perto da sua casa. A sua orientação para o momento presente permitirá que você preencha seu espírito com a beleza ao seu redor, notando a vista, os sons e os aromas que o cercam. Ainda pode decidir viajar e fazer coisas variadas e excitantes, mas não vai sentir-se frustrado ou desapontado se não conseguir.

No outro extremo da escala, se você não está orientado para o momento presente – se o seu pensamento geralmente se concentra em experiências passadas ou futuras – raramente vai sentir-se satisfeito com uma única experiência. Vai constantemente precisar de mais e mais experiências para sentir-se realizado. Caminhar pelo parque nunca será o bastante; vai ter de planejar uma viagem para esquiar enquanto está caminhando ou pensar sobre alguma outra coisa que tornaria a vida mais satisfatória do que é agora. A sua falta de orientação para o momento presente impedirá que assimile visões, sons e sentimentos agradáveis da sua experiência. A sua mente vai estar em outra parte nesse momento.

A questão aqui não é dizer que menos atividades são melhores ou que a meta é eliminar a excitação da sua vida. É, antes, apontar o motivo por que muitos de nós nos sentimos compelidos a preencher cada momento com atividades variadas e contínuas e por que não estamos satisfeitos com o momento em que vivemos. Se você se considera realizado, por que se dá ao trabalho de sair correndo por aí, buscando algo que deixaria a situação ainda melhor? O motivo principal é que não estamos satisfeitos porque nossa atenção raramente está no momento presente. Em vez de viver na velocidade da vida, nos movemos rápido demais. Conseqüentemente, perdemos aquilo que já temos – bem diante de nós – e procuramos outra coisa. É quase como se preferíssemos estar em qualquer outro lugar que não aqui.

LEVANDO A SUA VIDA COM VOCÊ

Richard se lembra da primeira vez em que ele e sua esposa passaram alguns dias longe das filhas para ficar sozinhos algum tempo. Eles planejaram sua viagem para uma cidadezinha romântica e pacífica na costa norte da Califórnia.

Enquanto estavam se afastando de casa, e durante o primeiro dia inteiro, eles falaram sobre – vocês adivinharam – suas filhas! Nenhum dos dois estava em contato com o momento presente; o primeiro dia aconteceu sem qualquer consciência ou reconhecimento de pensamento. O motivo dos dois terem viajado juntos era ficar longe das filhas, ter um tempo sozinhos. Mas lá estavam eles, longe das filhas, num dos locais mais belos do mundo, e tudo que estavam fazendo era passar o tempo com as garotas nas suas mentes e nas suas conversas. E ficaram se perguntando como estariam as meninas, e se estavam se divertindo ou não. Eles conversaram sobre o tempo da família, férias familiares que já tinham acabado, memórias de quando as meninas eram pequenas, e tudo o mais que você possa imaginar – tudo sobre as garotas.

No meio do segundo dia, a esposa de Richard, Kris, disse numa voz surpresa: "Você percebeu que ficamos fora durante vinte quatro horas e tudo que fizemos foi trazer nossa vida conosco? Só falamos sobre as garotas." Richard e Kris ficaram chocados com o que estavam fazendo e, depois de darem boas risadas, ambos se dedicaram a tentar ficar mais presentes nos momentos que estavam tendo – no presente. O resto da viagem foi muito mais interessante e íntimo agora que estavam concentrados um no outro e no seu tempo juntos.

SATISFAÇÃO NO MOMENTO PRESENTE

O momento mais importante da sua vida é este – agora mesmo! Na verdade, é o único que você tem. Todos os outros momentos já passaram ou são apenas uma memória, ou ainda vão acontecer – um mero pensamento especulativo sobre algum momento futuro.

Estar presente no momento atual e sentir-se inspirado pelo que você está experimentando estão ligados de uma maneira importante. Quando você está totalmente presente no momento atual – quando está profundamente mergulhado no que está fazendo – sente-se preenchido e inspirado em cada experiência. Vão ser necessárias relativamente poucas experiências para que você se sinta como se a própria vida fosse rica e realizadora. Cada experiência nova o preencherá com momentos maravilhosos; cada instante será muito especial.

No entanto, o oposto também é verdade – quando está disperso ou concentrado no que vai acontecer em seguida, ou quando você está comparando sua experiência passada com outras experiências que já teve, você remove a própria coisa que torna a apreciação possível. Só quando a sua mente está envolvida no momento presente é que você sente que o que está experimentando é o bastante.

Voltando por um momento para a história sobre as férias de Richard com seus amigos, você pode facilmente ver que as pessoas não estavam se sentindo satisfeitas. O que quer que estivessem fazendo claramente não era o bastante; eles tinham de fazer alguma outra coisa, alguma coisa melhor, alguma coisa mais interessante – mais, mais, mais. Mas estava claro que a causa da insatisfação de todo mundo não podia vir das próprias atividades; muitas pessoas sonham em fazer as coisas supostamente divertidas que eles estavam fazendo naquela viagem. O problema era que Richard e seus amigos não estavam no momento presente, apreciando plenamente suas férias. Se realmente estivessem, teriam se sentido confortáveis diminuindo o ritmo e tendo menos experiências, e mesmo assim aproveitado mais cada uma delas. O erro que todos cometeram foi continuar a procurar externamente a grande experiência que ia preenchê-los em vez de reconhecer que suas experiências eram cada uma potenciamente nutridoras e realizadoras por si mesmas. A sua falta de orientação para o momento presente os impediu de encontrar a satisfação que estavam buscando.

BANDEIRAS VERMELHAS

Existem quatro bandeiras vermelhas, ou pistas, que podem alertá-lo quando a sua mente se afastou do momento presente durante o tempo de lazer. Elas são as seguintes:

1. *Você se sente entediado – como se alguma outra coisa fosse ser muito mais interessante.* O tédio é um indicador claro de que a sua mente se afastou do momento presente para pensar sobre o que seria melhor ou mais interessante, ou então para o que foi melhor e mais interessante. Quando a sua mente está concentrada no que poderia ser melhor, faz com que aquilo que você está realmente experimentando pareça sem graça. Eu estava recentemente numa bela reserva comendo meu almoço, quando escutei dois homens reclamando do tédio. Eles estavam discutindo como seria mais divertido se pudessem estar de volta ao Havaí, aparentemente de onde tinham acabado de voltar de férias. Pense sobre o que eles estavam fazendo consigo mesmos: ali estavam eles sentados juntos, dois amigos sob um belo carvalho num lindo e caloroso dia de sol, com patos e outros pássaros nadando diante deles. E estavam morrendo de tédio, loucos para estarem em algum outro lugar! As suas mentes estavam no Havaí, uma experiência acabada e concluída.

2. *Você fica absorvido demais planejando momentos futuros.* Se notar que está passando seus momentos de lazer planejando seu próximo momento de lazer, cuidado! Isso sugere que você está na sua cabeça,

distante do momento em vez de operar no modo de livre fluxo. Lembre-se, é quase impossível relaxar e se divertir no momento presente se a maior parte da sua atenção está na questão "o que vai acontecer em seguida?" Quando isso acontece, volte suavemente a sua atenção para o aqui e agora.

3. *Você está cansado de uma maneira incomum, muito embora você ache que está relaxando.*. Parte do motivo para apreciar o tempo de lazer é rejuvenescer o seu corpo e seu espírito. Se você está de férias ou apreciando o fim de semana e está se sentindo realmente cansado, isso pode ser uma sugestão de que está se movendo rápido demais ou fazendo coisas demais. Pode ser hora de desacelerar e relaxar. Lembre-se das férias de Richard, das quais ele e sua família voltaram muito mais cansados do que tinham ido! Às vezes, contudo, se você ficou acelerado – vivendo num ritmo rápido demais – e se desacelera até chegar à velocidade da vida, vai inicialmente sentir-se cansado, até mesmo exausto. Nesses casos, você pode precisar parar para dormir até que se sinta descansado e rejuvenescido.

4. *Você está frustrado, muito embora esteja (supostamente) se divertindo.* Quando está com raiva de si mesmo porque o seu jogo de tênis não é tão bom quanto gostaria que fosse, ou quando está frustrado por algum outro motivo durante a hora de lazer, é uma boa indicação de que a sua mente está ocupada comparando como você jogou hoje e como jogou na semana passada, ou como você acha que deveria estar jogando. Isso pode ser chamado de "armadilha da comparação". A sua mente não está no momento presente, apreciando o jogo; está fora do momento, se comparando com outra experiência, completamente diferente. À medida que você recorda que cada experiência é única em si mesma e focaliza sua atenção total na experiência que está realmente tendo, a sua frustração irá diminuir e a sua apreciação vai aumentar.

O MECANISMO DA APRECIAÇÃO

Vamos dar uma olhada em algumas atividades comuns que quase todo mundo aprecia, e vejamos o que elas têm em comum:

- Fazer amor.
- Ler uma carta sincera.
- Escalar montanhas, remar no rio ou se envolver em alguma outra atividade excitante.
- Assistir a um filme comovente ou ler um livro excitante ou emocionante.

Aparentemente, as atividades acima citadas são muito diferentes. Parece não haver semelhança entre fazer amor e ler um bom livro. Mas num nível diferente, as duas coisas podem ser muito similares. E uma vez que você perceba a similaridade, vai começar a apreciar mais – e aproveitar melhor – praticamente qualquer atividade, de lazer ou de outro tipo

Quando você está fazendo amor, sua mente raramente se desvia para outra coisa. Em vez disso, está extremamente presente, totalmente envolvido no que está fazendo. Se perder numa carta de emoções sinceras ou num filme muitas vezes cria a mesma experiência. Quanto mais absorto está na leitura das páginas, mais intensa é a experiência do seu livro. Você pode ter tido a experiência de não ouvir alguém que estava tentando chamar a sua atenção enquanto estava lendo; ficou tão envolvido nas palavras na página que bloqueou muitas das visões e os sons que o distrairiam normalmente. Durante esses momentos de concentração total, é quase como se o livro fosse todo o seu mundo – é tudo que importa. Quando as pessoas falam de escapar para um livro, estão se referindo a estar totalmente absorvidas na história. No entanto, a mesma atenção pode ser devotada aos momentos da sua vida. Estar no modo reflexivo é tudo que é necessário para se concentrar totalmente na história à sua frente.

Você pode imaginar o que aconteceria se, no meio do sexo, você dissesse à sua parceira: "Querida, você lembra onde botei minha valise?" Você (e sua parceira) perderia a maior parte da apreciação e conexão, se não toda. A distração tiraria você (na sua mente) do que estava fazendo e para onde estava indo. O mesmo aconteceria durante a leitura de uma carta sincera de alguém que você ama. O que aconteceria se, em vez de ler, você parasse a cada dois minutos para pensar sobre alguém com quem você está zangado? Muito simplesmente você arruinaria a sua experiência do momento presente; simplesmente ficaria distraído.

Você pode provavelmente adivinhar que se a experiência em si, como a carta sincera, fosse a causa verdadeira da sua motivação, então a sua atenção dispersada não teria impacto sobre a sua pessoa. Você teria a mesma alegria estando concentrado ou distraído, estando presente ou ausente. Mas sabemos que não é esse o caso. Descobrimos que é a nossa concentração – nossa habilidade de permanecer no momento presente, focalizados no que estamos fazendo – que permite que apreciemos os sentimentos positivos nas nossas experiências. Quanto mais presentes estamos, mais positivos são os nossos sentimentos, e mais alegria e satisfação experimentaremos e receberemos.

EXPERIÊNCIAS EXCITANTES

Um bom amigo de Richard é um excelente alpinista. Ele uma vez levou Richard para uma bela e desafiadora escalada no vale Yosemite. Foi uma das experiências mais excitantes da vida de Richard. Apesar da garantia de que estaria seguro, Richard ficava petrificado quando olhava para o despenhadeiro íngreme que iam tentar escalar. Richard lembra vividamente a sua concentração intensa, como cada apoio e cada pedra pareciam ter vida. Até hoje, ele não tem muita certeza de como chegou em segurança até o topo, mas de algum modo isso aconteceu.

Depois da escalada, Richard perguntou ao seu amigo por que ele gostava tanto de escalar. A resposta, que foi oferecida com convicção entusiasmada, ficou para sempre na sua memória: "Eu faço alpinismo porque quando estou escalando é quase impossível *não* estar presente. Eu tenho de estar exatamente onde estou, e em nenhum outro lugar. Isso me traz uma grande alegria, e me permite levar esse tipo de atenção para parte do resto da minha vida." A resposta do amigo faz muito sentido. Durante a escalada, a atenção de Richard não estava no seu trabalho, nos seus filhos ou na família, no que ele ia comer no jantar ou em quaisquer preocupações ou cuidados. Em vez disso, toda a sua atenção estava voltada para o passo que estava dando, e nada mais.

Richard contou essa história para alguns clientes, e vários deles disseram: "Posso compreender o que está me dizendo, mas esse tipo de foco seria mais fácil quando a sua vida está correndo risco. E nas atividades mais ordinárias?"

É com nossa experiência, e a experiência de muitos com quem trabalhamos, que podemos aprender a ser tão orientados para o momento presente nas nossas atividades de lazer mais comuns quanto quando estamos escalando uma montanha, andando de barco, esquiando ou surfando. No fundo, o que traz a alegria para qualquer experiência não é a experiência em si, mas a qualidade do pensamento que levamos a ela.

O que algumas dessas atividades extraordinárias fazem é *nos forçar* a estarmos orientados para o momento presente no nosso pensamento. Quando você escala uma montanha, não pode perder tempo pensando sobre as notas baixas do seu filho na escola. Quando você está dando uma caminhada, porém, você consegue pensar sobre três ou quatro coisas ao mesmo tempo sem ameaçar a sua vida. Mas o que está sendo ameaçada é a qualidade da sua experiência. Na próxima vez em que estiver caminhando, fazendo cooper ou desenhando uma figura, veja se pode notar com que freqüência a sua mente se desvia para outras coisas. À medida que deixa de lado o pensamento desnecessário, vai descobrir muita alegria nos momentos mais simples.

APRENDENDO COM AS CRIANÇAS

Certo dia, quando Richard estava levando uma das suas filhas para a praia, ele teve um pequeno problema num dos pneus, de modo que parou num posto para repará-lo. Enquanto Richard e sua filha esperavam, eles caminharam até o ouro lado da rua para brincar no parque. Depois de alguns minutos, Richard começou a ficar impaciente. Ele olhava para o seu relógio. Sua mente estava no seu plano – a praia. Começou a chamar sua filha para que voltasse com ele para o carro a fim de que pudessem dirigir até a praia e "se divertir um pouco". Richard começou a dizer coisas como "Vamos lá, querida. Pense no quanto vamos nos divertir". Naquele momento, a resposta dela o surpreendeu, mas em retrospecto, fazia sentido. Ela disse de modo a não deixar dúvidas: "Não quero ir embora. Quero ficar aqui." Seu sentimento óbvio era o seguinte: por que, afinal de contas, eu devo voltar para um carro abafado e dirigir durante duas horas (na ida e na volta) para me divertir, quando já estou aqui neste maravilhoso parque sombreado, me divertindo com meu pai e com outras crianças? Isso não significa que nunca é apropriado ou importante manter seu plano original se é algo que realmente deseja experimentar – ou se você acha que é importante que seu filho experimente. Mas pense sobre o assunto durante um minuto. Uma criança de dois anos está sorrindo num parque arenoso, brincando e rindo com outras crianças, completamente absorta e alegre no que já estão fazendo. Ela está construindo castelos de areia, derramando água e escalando brinquedos. Como algo poderia ser mais divertido do que isso? O seu pai, contudo, não consegue deixar de pensar sobre o seu plano de ir para a praia! Em vez de compartilhar a alegria incrível e visível da filha, ele está concentrado em alguma coisa que será ainda melhor.

Falando de maneira geral, as crianças são mestras em viver no presente, mas é fácil abafar essa tendência. Inocentemente, sem nem mesmo percebermos o que estamos fazendo, ensinamos que "algum dia a vida será ainda melhor" ou "agora não é bom o bastante" – a mensagem que a filha de Richard estava recebendo dele.

Ser capaz de mergulhar no aqui e agora é algo mágico. À medida que você faz isto, um senso renovado de gratidão e espanto começa a ressurgir na sua vida. Já vimos que viver no momento presente é um antídoto para preocupação, cuidados, frustração e arrependimento. O que vemos através de exemplos como este é que viver no momento presente também é a chave para apreciar e curtir a parte de lazer da sua vida.

UMA MENTE TRANQÜILA

Se você deseja experimentar mais alegria, é importante aquietar sua mente, de modo que possa permanecer concentrado no momento presente. Você provavelmente já sabe como é uma mente ocupada; sobrecarregada, pesada e preocupada. Uma mente ocupada não tem espaço para a criatividade e para idéias novas; está ocupada e apressada, avaliando o desempenho de todos, especialmente o seu. Ela tende a repetir o mesmo conjunto de fatos e problemas repetidas vezes até que alcance algum tipo de decisão, que costuma ser similar a uma decisão tomada anteriormente. Então, ela corre para o próximo conjunto de fatos e faz exatamente a mesma coisa. Uma pessoa com uma mente excessivamente ocupada é incapaz de apreciar a vida, até mesmo os momentos de lazer, porque uma mente ocupada não pode permanecer no momento presente; ela costuma se perguntar como está sendo seu desempenho, ou já se preocupa com a próxima coisa.

TÉDIO

Um dos principais motivos por que resistimos à desaceleração até a velocidade da vida é que temos medo de ficarmos entediados. Achamos que se continuarmos nos movendo rapidamente, fazendo um bocado de coisas, o tédio nunca será um problema. Compreender as verdadeiras causas do tédio pode ajudar você a se sentir confortável para desacelerar a sua vida, e pode ajudá-lo a aumentar a felicidade que experimenta no seu tempo de lazer.

O tédio é uma das áreas mais complicadas de se lidar nos tempos modernos, porque parece ser uma coisa que não é. O tédio não tem nada a ver com o não ter o bastante para fazer, e tudo com uma mente superativa e ocupada.

Pense na última vez em que você esteve sentado diante de uma bela lareira com alguém que você ama. Pode ter ficado sentado durante horas, satisfeito, absorvendo em cada momento um significado especial. Contudo, você não estava fazendo muito, sua mente estava límpida e livre, e estava num processo de pensamento sadio – nem um pouco entediado. A verdade é que sempre que você está no modo de livre fluxo, orientado para o momento presente, sente-se satisfeito; a vida está certa. Uma chave para apreciar e curtir todo o nosso tempo de lazer é não passar mais tempo diante de fogueiras, e sim aprender a ganhar acesso a esse processo de pensamento saudável.

Agora pense na última vez em que você ficou preso no trânsito. Pode ter ficado no engarrafamento apenas alguns minutos, mas provavelmente ficou entediado até a alma, certo? Muito mais estava acontecendo ao seu redor do que diante da lareira, mas o tédio se instalou, numa questão de minutos.

Por quê? Porque à medida que você fica sentado no carro, a sua mente começa a correr por todos os lugares em que preferiria estar, e em todas as coisas que preferiria estar fazendo. Em vez de ficar sentado tranqüilo apreciando o momento (como faria no seu modo de livre fluxo ou criativo), a sua mente analítica mergulha na direção do futuro: "Como vou conseguir sair daqui?" Ou então volta para o passado: "Como eu me meti aqui?" Você permite que a sua mente se acelere até chegar no ponto de um processo de pensamento doentio. Quanto mais ocupada ficar sua mente, mais distante você estará do momento presente e menos satisfação sentirá.

Diante da lareira, a sua mente estava relativamente livre da distração. Os seus pensamentos estavam fluindo, e a sua mente estava límpida. Como não havia uma superabundância de pensamento na sua mente, você era capaz de apreciar algo tão simples quanto uma lareira crepitando. Você tinha desacelerado até chegar à velocidade da vida. Quando a sua cabeça ficou cheia de pensamentos excessivos, contudo, a sua habilidade de apreciar o momento foi removida. Esta dinâmica ocorrerá onde quer que você esteja. À proporção que a sua mente é preenchida por preocupações e cuidados, se afastando do momento presente, fica menos capaz de apreciar a si mesmo e seus filhos, mesmo de férias. Você pode estar no lugar mais bonito do mundo, fazendo coisas maravilhosas, mas se a sua mente está superativa, não vai ser capaz de ver a beleza ao seu redor. Você vai ficar ocupado demais avaliando o que está vendo, ou vai pensar em alguma outra coisa.

Na próxima vez em que se sentir entediado, note a quantidade de pensamento ou o nível de atividade mental na sua cabeça. Quanto mais superativa estiver a sua mente, menos capaz você será de apreciar a sua vida. Quando você vê ou sente os sinais de uma mente ocupada (tédio se instalando), tem em mente o que está realmente causando o tédio – uma mente ocupada, não a falta de atividade.

Considere o que acontece com a sua experiência positiva de sentar-se diante da fogueira se a sua mente começar a se preocupar com alguma coisa. Numa questão de segundos, você vai desejar fazer alguma outra coisa, algo diferente. A satisfação desapareceria, a sua mente estaria tão ocupada – você sentiria que precisa de coisas para fazer – que agindo lhe daria uma satisfação maior. Uma vez que você começasse a fazer alguma coisa, contudo, a sua mente iniciaria o processo novamente. Um ciclo interminável de insatisfação começa quando a sua mente insiste em dizer a você que alguma outra coisa lhe traria felicidade.

A solução para o tédio é ficar mais tempo no momento presente. Quando a sua mente está mergulhada no momento presente, sem estar excessivamente ocupada, o tédio não existe! Você pode estar ocupado como uma formiga, ou simplesmente ficar parado sem fazer nada. A atividade em si não é relevante; na verdade, não faz diferença alguma.

APRENDENDO A RELAXAR

As pessoas que aproveitam seu tempo de lazer e que aprenderam a relaxar experimentam momentos em que nada está nas suas mentes. Elas dão boas-vindas a esses momentos, porque tais momentos abrem a porta para a inspiração. Pessoas felizes e relaxadas usam esses momentos de tranqüilidade para ganhar acesso à sabedoria e à criatividade – como um veículo para saber o que deve ser feito em seguida. As pessoas que aprenderam a desacelerar até chegar à velocidade da vida sabem intuitivamente que a criatividade é um processo que borbulha dentro delas automaticamente quando a sua mente está límpida e tranqüila. Elas sabem que não precisam quebrar a cabeça para descobrir o que fazer em seguida; alguma coisa simplesmente virá às suas cabeças. Esses momentos quando a sua mente está livre de distrações são exatamente os mesmos instantes quando você possui o maior potencial para a criatividade.

Se você experimenta freqüentemente o tédio, pode pensar que uma mente tranqüila é entediante. O próprio pensamento de não ter nada para fazer pode causar pânico, fazendo com que você crie rapidamente alguma coisa para substituir a quietude. Conseqüentemente, a sua mente quase nunca está tranqüila; qualquer coisa é melhor do que não fazer nada. A sua meta inconsciente pode ser preencher cada momento da sua vida com algum tipo de atividade. Quantos de nós conseguem ficar sentados, até mesmo durante dois minutos, sem fazer nada?

Ocasionalmente, quando as pessoas nos escutam advogando que "não devem ter nada nas suas mentes", imediatamente ficam com medo de deixarem de ser produtivas. Pode ter certeza de que se aprender a relaxar, se puder aceitar o valor de não ter nada na sua cabeça, vai ser muito produtivo, provavelmente ainda mais do que já é.

A disposição de ter uma mente limpa ou vazia garante que você nunca mais vai experimentar o tédio. Quando você aprende a dar as boas-vindas a esses momentos infreqüentes e quando nada está muito presente nos seus pensamentos, você aumenta o prazer e o fascínio na sua vida; as menores coisas lhe dão satisfação. Começará a ver aspectos da mente que anteriormente estavam invisíveis, porque a sua mente não estará mais cheia de coisas antigas e estará receptiva à novidade.

PASTANDO

Uma analogia útil para tentar compreender a essência de uma mente tranqüila é pensar em cavalos pastando num campo. Os cavalos perambulam procurando comida. Eles não se concentram numa área durante muito tempo; passam de um lugar para outro.

O mesmo acontece com uma mente tranqüila. Ela não se concentra num pensamento – ou numa série de pensamentos – por tempo demais. Os pensamentos vêm, então vão embora fluindo. Não é dada muita atenção para um único pensamento. Todos os pensamentos são tratados igualmente. Uma mente tranqüila é uma mente em repouso, como um animal pastando num campo.

Nesses momentos tranqüilos, você ficará agradavelmente surpreso com as inspirações e os *insights* freqüentes que o deliciarão – pensamentos como "é isso que preciso fazer" ou "isso é tão óbvio". Você vai descobrir novas soluções para questões importantes com que esteve lutando. A vida vai parecer mais fácil, mais administrável. O seu período de relaxamento vai ficar realmente relaxante!

CORRENDO NO PONTO MORTO

Uma das principais finalidades do tempo de lazer é permitir que a mente relaxe. Assim como o corpo precisa de tempo para descansar, o mesmo acontece com a mente. Ela precisa de tempo para ficar vazia, sem estar em uso ativo; precisa de tempo no modo de livre fluxo, desacelerado até chegar à velocidade da vida.

Se você pensar nas marchas de um carro, o ponto morto é a marcha de descanso. No ponto morto, o carro ainda está ligado, mas não está sendo usado ativamente. Está pronto para ir, se necessário, num instante, mas nesse meio tempo está num estado de repouso.

Você pode pensar numa mente calma e relaxada de um modo semelhante. Quando a mente está descansando, não está numa marcha ativa. Uma mente no ponto morto ainda está operando, assimilando informações, computando no seu fogareiro de trás, mas de uma maneira relaxada e passiva. Em vez de se concentrar ou analisar, ela permite que os pensamentos entrem e saiam. Eles chegam e vão embora. Como os estados meditativos, o ponto morto é um estado de descanso, mas, ao contrário da meditação, o ponto morto pode ser usado a qualquer momento, com seus olhos abertos, totalmente alertas.

Enquanto o ponto morto é um estado mental que pode ser usado para relaxar e rejuvenescer praticamente a qualquer momento, o tempo de lazer é um momento ideal para experimentar. Se você passa mais tempo no ponto morto, vai descobrir rapidamente que é muito mais fácil de satisfazer. Coisas cotidianas e ordinárias parecerão de algum modo extraordinárias.

Richard se lembra de quando ouviu pela primeira vez o conceito de ponto morto. Ele estava estudando com um professor, dr. George Pransky, em La Conner, Washington. Naquela época, a sua mente estava constantemente num estado ocupado. Ele costumava preencher cada momento com bastante atividade. O problema era que não havia muito o que fazer em La Conner, no sentido normal de coisas para fazer. Não havia cinema, praticamente nenhuma vida noturna, pouca excitação. Richard perguntou ao dr. Pransky: "O que há para fazer aqui à noite?" A resposta do professor ficou para sempre na sua memória. Depois de introduzir a Richard o conceito de ponto morto, ele prosseguiu: "Gostaria que tentasse, apenas por uma noite, simplesmente não fazer nada, permitindo-se ficar entediado. Não dirija até Seattle, não fale no telefone e não procure um cinema, nem assista à televisão." Richard pensou que ele estava brincando! Por que alguém ficaria intencionalmente entediado, afinal de contas?

Como ele fora até La Conner para aprender com este homem, contudo, Richard seguiu seu conselho ao pé da letra e fez o máximo para obedecer-lhe. E para seu mais absoluto espanto, foi uma das noites mais bonitas de toda a sua vida! Assim que ele se permitiu ficar entediado – assim que parou de ficar com tanto medo do tédio e parou de lutar com ele –, a sua mente clareou e não sentiu tédio algum. Ele se lembra de ter podido observar melhor a pura beleza natural do que já conseguira anteriormente na sua vida. Sentiu vontade de caminhar tranqüilamente, sozinho, algo que raramente fizera anteriormente. Ele se recorda de ter se curvado para observar insetos que nunca notara antes. Também ficou impressionado com as tulipas que estava vendo. Antes da sua introdução ao valor da mente no ponto morto, ele nem mesmo reparara que havia flores em La Conner! A mente de Richard estava tão ocupada pensando sobre outras coisas, tão fora de contato com o momento presente, que ele deixara completamente de ver a beleza logo diante dos seus olhos.

LEVANDO LAZER PARA O RESTO DA SUA VIDA

Esperamos que depois de ter lido este capítulo você seja capaz de sentir mais felicidade e relaxamento na parte de lazer da sua vida. Desacelerando até chegar à velocidade da vida, você fica mais orientado para o momento presente no seu período de lazer, mais concentrado e, quando quiser ou precisar, mais eficiente. Menos tempo de lazer será necessário para conseguir um relaxamento total e completo, e você vai ficar muito mais facilmente satisfeito com o lazer que seu tempo e outras circunstâncias permitirem.

Um pensamento final a ser considerado: à medida que você aprende a aquietar a sua mente e a ficar mais orientado para o momento presente durante suas atividades de lazer, você vai começar a trazer o sentimento de lazer para o resto da sua vida. Em vez de dividir a sua vida em trabalho versus lazer, vai começar a uni-los; descobrirá que um pouco de lazer leva a bastante longe. Irá começar a pegar o mesmo estado mental focalizado, calmo e relaxado que está usando no seu lazer e a aplicá-lo também em outras partes da sua vida. Com sorte, você vai descobrir o que nós dois descobrimos: não é o que você faz que lhe traz felicidade tanto quanto o estado de mente relaxado. Quando a sua mente estiver calma, toda a sua vida parecerá calma.

Recursos

Para receber um catálogo com informações adicionais sobre a Psicologia da Mente, incluindo outros livros e fitas, ligue para 541-383-9362 ou escreva para Psychology of Mind Resource Center, 2436, N.W. Torsway, Bend, OR 97701.

Site na Web: www.pom-resource-center.com

Para treinamento e seminários, ligue para a POM Foundation em 1-800-781-2066 ou escreva para 1111 Third Avenue West, Suíte 350, Bradenton, FL 34240.

COLEÇÃO ARCO DO TEMPO
Consultoria de Alzira M. Cohen

MEDITAÇÃO – Pam e Gordon Smith
VOLTA AO LAR – John Bradshaw
QUÍRON E A JORNADA EM BUSCA DA CURA – Melanie Reinhart
PAZ A CADA PASSO – Thich Nhat Hanh
A ESSÊNCIA DOS ENSINAMENTOS DO BUDA – Thich Nhat Hanh
VIVENDO BUDA, VIVENDO CRISTO – Thich Nhat Hanh
MILAGRES DO DIA A DIA – David Spangler
O NOVO DESPERTAR DA DEUSA – Shirley Nicholson (org.), vários autores
AS PLANTAS E SUA MAGIA – Jacques Brosse
ANJOS E EXTRATERRESTRES – Keith Thompson
A MENTE HOLOTRÓPICA – Stanislav Grof
MULHERES QUE CORREM COM OS LOBOS – Clarissa Pinkola Estés
AS CARTAS DO CAMINHO SAGRADO – Jamie Sams
CARTAS XAMÂNICAS – Jamie Sams & David Carson
PLANETAS DE SOMBRA E DE LUZ – Irène Andrieu
JOGOS EXTREMOS DO ESPÍRITO – Muniz Sodré
MÍSTICA E ESPIRITUALIDADE – Leonardo Boff e Frei Betto
CORPO SEM IDADE, MENTE SEM FRONTEIRAS – Deepak Chopra
O CAMINHO DO MAGO – Deepak Chopra
O CAMINHO DA CURA – Deepak Chopra
COMO CONHECER DEUS – Deepak Chopra
O CAMINHO PARA O AMOR – Deepak Chopra
AS SETE LEIS ESPIRITUAIS PARA OS PAIS – Deepak Chopra
BIBLIOTECA DA SAÚDE PERFEITA – Deepak Chopra
• DIGESTÃO PERFEITA
• ENERGIA ILIMITADA
• DOMINANDO O VÍCIO
• SONO TRANQÜILO
• PESO PERFEITO
AS VIDAS DE CHICO XAVIER – Marcel Souto Maior
O LIVRO DO PERDÃO – Robin Casarjian
MENSAGEM DO OUTRO LADO DO MUNDO – Marlo Morgan
UM MUNDO ESPERANDO PARA NASCER – M. Scott Peck
O VALOR DA MULHER – Marianne Williamson
A CURA E A MENTE – Bill Moyers
RUMO AO PONTO ÔMEGA – Kenneth Ring
CURA ESPONTÂNEA – Andrew Weil
DONS DA GRAÇA – Lone Jensen
A CRIAÇÃO DO AMOR – John Bradshaw
SEDE DE PLENITUDE – Christina Grof
PORTAIS SECRETOS – Nilton Bonder
REIKI – Brigitte Müller & Horst H. Günther
O CHAMADO – David Spangler
CESTAS SAGRADAS – Phil Jackson & Hugh Delehanty

ESPERANÇA DIANTE DA MORTE – Christine Longaker
SAÚDE IDEAL EM 8 SEMANAS – Andrew Weil
ALIMENTAÇÃO IDEAL PARA UMA SAÚDE PERFEITA – Andrew Weil
O ESPÍRITO DE TONY DE MELLO – John Callanan, S.J.
A PORTA PARA SEU EU INTERIOR – John Callanan, S.J.
NÃO FAÇA TEMPESTADE EM COPO D'ÁGUA – Richard Carlson, Ph.D.
NÃO FAÇA TEMPESTADE EM COPO D'ÁGUA NO TRABALHO – Richard Carlson, Ph.D.
NÃO FAÇA TEMPESTADE EM COPO D'ÁGUA COM A FAMÍLIA – Richard Carlson, Ph.D.
SEU SEXTO SENTIDO – Belleruth Naparstek
NÃO FAÇA TEMPESTADE EM COPO D'ÁGUA PARA ADOLESCENTES – Richard Carlson, Ph.D.
NÃO FAÇA TEMPESTADE EM COPO D'ÁGUA NO AMOR – Richard Carlson, Ph.D., e Kristine Carlson
DESACELERANDO ATÉ A VELOCIDADE DA VIDA – Richard Carlson e Joseph Bailey
FENG SHUI – Maria Margarida Baldanzi
REFÚGIO PARA O ESPÍRITO – Victoria Moran
COMO CRIAR UMA VIDA ENCANTADA – Victoria Moran
AMOR & SOBREVIVÊNCIA – Dean Ornish, M.D.
EMOÇÕES QUE CURAM – Daniel Goleman (org.)
EMISSÁRIO DA LUZ – James F. Twyman
O TAO DA VOZ – Stephen Chun-Tao Cheng
ILLUMINATA – Marianne Williamson
ANAM ĊARA – John O'Donohue
O JOGO DAS SOMBRAS – Connie Zweig, Ph.D., e Steve Wolf, Ph.D.
ANATOMIA DO ESPÍRITO – Caroline Myss, Ph.D.
PURIFICAÇÃO EMOCIONAL – John Ruskan
O PODER DO FLUXO – Charlene Belitz e Meg Lundstrom
MENSAGEM DO ETERNO – Marlo Morgan
UM CURSO EM AMOR – Joan Gattuso
UM CURSO DE VIDA – Joan Gattuso
DOZE PONTOS DE OURO – Aliske Webb
O DESPERTAR DO BUDA INTERIOR – Lama Surya Das
CÍRCULO DE XAMÃS – Olga Kharitidi, M.D.
I CHING – Thomas Cleary
O ESPÍRITO DO TAO – Thomas Cleary (org.)
A ARTE DA PAZ – Morihei Ueshiba
ENSINAMENTOS DO BUDA – Jack Kornfield e Gil Fronsdal (org.)
ECOS ETERNOS – John O'Donohue
O SEGREDO DO XAMÃ – Douglas Gillette, M.A., M.Div.
OS ESTÁGIOS DA MEDITAÇÃO – O Dalai-Lama
OS PLANETAS E O TRABALHO – Jamie Binder
A LUZ DENTRO DA ESCURIDÃO – John Tarrant
O MUNDO SAGRADO – Jeremy Hayward
ANDARILHO ESPIRITUAL – Hank Wesselman
O LIVRO TIBETANO DOS MORTOS – tradução para o inglês e comentários de Francesca Fremantle & Chögyam Trungpa
O FOGO E A ROSA – Robert Griffith Turner Jr.

Este livro foi composto pela MG Textos Editoriais Ltda.
Av. Venezuela, nº 131/813
e impresso na Editora JPA Ltda. Av. Brasil, 10.600 - Rio de Janeiro - RJ
em agosto de 2002 para a Editora Rocco Ltda.